화엄경 약찬게

사경의 목적

사경은 경전의 뜻을 보다 깊이 이해하려는 목적도 있지만, 부처님의 말씀을 옮겨 쓰는 경건한 수행을 통해 자기의 신심信心과 원력을 부처님의 말씀과 일체화시켜서 신앙의 힘을 키워나가는데 더 큰 목적이 있다.

조용히 호흡을 가다듬고 부처님의 말씀을 마음으로 되새기며, 정신을 집중하여 사경에 임하다 보면 자신도 모르는 사이에 사경 삼매에 들게 된다. 또한 심신心身이 청정해져 부처님의 마음과 통하게 되니, 부처님의 지혜의 빛과 자비광명이 우리의 마음속 깊이 스며들어 온다.

그러면 몸과 마음이 안락과 행복을 느끼면서 내 주변의 모든 존재에 대한 자비심이 일어나니, 사경의 공덕은 이렇듯 그 자리에서 이익을 가져온다.

사경하는 마음

경전에 표기된 글자는 단순한 문자가 아니라 부처님께서 깨달은 진리라는 상징성을 갖고 있다. 경전의 글자 하나하나가 중생구제를 서원하신 부처님의 마음이며, 중생을 진리의 길로 인도하는 지침인 것이다.

예로부터 사경을 하며 1자3배의 정성을 기울인 것도 경전의 한 글자 한 글자에 부처님이 함께하신다고 생각했기 때문이다. 사경이 수행인 동시에 기도의 일환으로 불자들에게 널리 행해지는 까닭이 여기에 있다.

사경은 부처님의 가르침과 함께하는 시간이며 부처님과 함께하는 시간이다. 부처님의 말씀을 가슴으로 받아들이고 마음으로 찬탄하며 진실로 기쁘게 환희로워야 하는 시간인 것이다.

따라서 사경은 가장 청정한 마음으로 임해야 한다.

사경의 공덕

❀ 마음이 안정되고 평화로워져 미소가 떠나질 않는다.

❀ 부처님을 믿는 마음이 더욱 굳건해진다.

❀ 번뇌 망상, 어리석은 마음이 사라지고 지혜가 증장한다.

❀ 생업이 더욱 번창한다.

❀ 좋은 인연을 만나고 착한 선과가 날로 더해진다.

❀ 업장이 소멸되며 소원한 바가 반드시 이루어진다.

❀ 불보살님과 천지신명이 보호해 주신다.

❀ 각종 질환이나 재난, 구설수 등 현실의 고苦를 소멸시킨다.

❀ 선망조상이 왕생극락하고 원결 맺은 다겁생의 영가들이
  이고득락離苦得樂한다.

❀ 가정이 화목하고 자손들의 앞길이 밝게 열린다.

사경하는 절차

1. 몸을 깨끗이 하고 옷차림을 단정히 한다.

2. 사경할 준비를 갖춘다.(사경상, 좌복, 필기도구 등)

3. 삼배 후, 의식문이 있으면 의식문을 염송한다.

4. 좌복 위에 단정히 앉아 마음을 고요히 한다.
   (잠시 입정하면 더욱 좋다.)

5. 붓이나 펜으로 한 자 한 자 정성스럽게 사경을 시작한다.

6. 사경이 끝나면 사경 발원문을 염송한다.

7. 삼배로 의식을 마친다.

◆ 기도를 더 하고 싶을 때에는 사경이 끝난 뒤, 경전 독송이나
  108배 참회기도, 또는 그날 사경한 내용을 참구하는 명상 시간을
  갖는 것도 좋다.

◆ 사경에 사용하는 붓이나 펜은 사경 이외의 다른 용도에 사용하지
  않도록 한다.

◆ 완성된 사경은 집안에서 가장 정갈한 곳(혹은 높은 곳)에 보관하거나,
  경건하게 소각시킨다.

발 원 문

華嚴經 略纂偈
화 엄 경 약 찬 게

大方廣佛華嚴經	龍樹菩薩略纂偈
대 방 광 불 화 엄 경	용 수 보 살 약 찬 게
南無華藏世界海	毘盧遮那眞法身
나 무 화 장 세 계 해	비 로 자 나 진 법 신
現在說法盧舍那	釋迦牟尼諸如來
현 재 설 법 노 사 나	석 가 모 니 제 여 래
過去現在未來世	十方一切諸大聖
과 거 현 재 미 래 세	시 방 일 체 제 대 성
根本華嚴轉法輪	海印三昧勢力故
근 본 화 엄 전 법 륜	해 인 삼 매 세 력 고
普賢菩薩諸大衆	執金剛神身衆神
보 현 보 살 제 대 중	집 금 강 신 신 중 신
足行神衆道場神	主城神衆主地神
족 행 신 중 도 량 신	주 성 신 중 주 지 신
主山神衆主林神	主藥神衆主稼神
주 산 신 중 주 림 신	주 약 신 중 주 가 신

主河神衆主海神　　主水神衆主火神
주 하 신 중 주 해 신　　주 수 신 중 주 화 신

主風神衆主空神　　主方神衆主夜神
주 풍 신 중 주 공 신　　주 방 신 중 주 야 신

主晝神衆阿修羅　　迦樓羅王緊那羅
주 주 신 중 아 수 라　　가 루 라 왕 긴 나 라

摩睺羅伽夜叉王　　諸大龍王鳩槃茶
마 후 라 가 야 차 왕　　제 대 용 왕 구 반 다

乾闥婆王月天子　　日天子衆忉利天
건 달 바 왕 월 천 자　　일 천 자 중 도 리 천

夜摩天王兜率天　　化樂天王他化天
야 마 천 왕 도 솔 천　　화 락 천 왕 타 화 천

大梵天王光音天　　遍淨天王廣果天
대 범 천 왕 광 음 천　　변 정 천 왕 광 과 천

大自在王不可說　　普賢文殊大菩薩
대 자 재 왕 불 가 설　　보 현 문 수 대 보 살

法慧功德金剛幢　　金剛藏及金剛慧
법 혜 공 덕 금 강 당　　금 강 장 급 금 강 혜

光焰幢及須彌幢　　大德聲聞舍利子
광 염 당 급 수 미 당　　대 덕 성 문 사 리 자

及與比丘海覺等　　優婆塞長優婆夷
급 여 비 구 해 각 등　　우 바 새 장 우 바 이

善財童子童男女　　其數無量不可說
선 재 동 자 동 남 녀　　기 수 무 량 불 가 설

善財童子善知識　文殊舍利最第一
선 재 동 자 선 지 식　문 수 사 리 최 제 일

德雲海雲善住僧　彌伽解脫與海幢
덕 운 해 운 선 주 승　미 가 해 탈 여 해 당

休舍毘目瞿沙仙　勝熱婆羅慈行女
휴 사 비 목 구 사 선　승 열 바 라 자 행 녀

善見自在主童子　具足優婆明智士
선 견 자 재 주 동 자　구 족 우 바 명 지 사

法寶髻長與普眼　無厭足王大光王
법 보 계 장 여 보 안　무 염 족 왕 대 광 왕

不動優婆遍行外　優婆羅華長者人
부 동 우 바 변 행 외　우 바 라 화 장 자 인

婆施羅船無上勝　獅子嚬伸婆須密
바 시 라 선 무 상 승　사 자 빈 신 바 수 밀

毘瑟祇羅居士人　觀自在尊與正趣
비 슬 지 라 거 사 인　관 자 재 존 여 정 취

大天安住主地神　婆珊婆演主夜神
대 천 안 주 주 지 신　바 산 바 연 주 야 신

普德淨光主夜神　喜目觀察眾生神
보 덕 정 광 주 야 신　희 목 관 찰 중 생 신

普救眾生妙德神　寂淨音海主夜神
보 구 중 생 묘 덕 신　적 정 음 해 주 야 신

守護一切主夜神　開敷樹華主夜神
수 호 일 체 주 야 신　개 부 수 화 주 야 신

大願精進力救護　妙德圓滿瞿婆女
대 원 정 진 력 구 호　묘 덕 원 만 구 바 녀

摩耶夫人天主光　遍友童子衆藝覺
마 야 부 인 천 주 광　변 우 동 자 중 예 각

賢勝堅固解脫長　妙月長者無勝軍
현 승 견 고 해 탈 장　묘 월 장 자 무 승 군

最寂靜婆羅門者　德生童子有德女
최 적 정 바 라 문 자　덕 생 동 자 유 덕 녀

彌勒菩薩文殊等　普賢菩薩微塵衆
미 륵 보 살 문 수 등　보 현 보 살 미 진 중

於此法會雲集來　常隨毘盧遮那佛
어 차 법 회 운 집 래　상 수 비 로 자 나 불

於蓮華藏世界海　造化莊嚴大法輪
어 연 화 장 세 계 해　조 화 장 엄 대 법 륜

十方虛空諸世界　亦復如是常說法
시 방 허 공 제 세 계　역 부 여 시 상 설 법

六六六四及與三　一十一一亦復一
육 육 육 사 급 여 삼　일 십 일 일 역 부 일

世主妙嚴如來相　普賢三昧世界成
세 주 묘 엄 여 래 상　보 현 삼 매 세 계 성

華藏世界盧舍那　如來名號四聖諦
화 장 세 계 노 사 나　여 래 명 호 사 성 제

光明覺品問明品　淨行賢首須彌頂
광 명 각 품 문 명 품　정 행 현 수 수 미 정

須彌頂上偈讚品	菩薩十住梵行品
수 미 정 상 게 찬 품	보 살 십 주 범 행 품
發心功德明法品	佛昇夜摩天宮品
발 심 공 덕 명 법 품	불 승 야 마 천 궁 품
夜摩天宮偈讚品	十行品與無盡藏
야 마 천 궁 게 찬 품	십 행 품 여 무 진 장
佛昇兜率天宮品	兜率天宮偈讚品
불 승 도 솔 천 궁 품	도 솔 천 궁 게 찬 품
十回向及十地品	十定十通十忍品
십 회 향 급 십 지 품	십 정 십 통 십 인 품
阿僧祇品與壽量	菩薩住處佛不思
아 승 지 품 여 수 량	보 살 주 처 불 부 사
如來十身相海品	如來隨好功德品
여 래 십 신 상 해 품	여 래 수 호 공 덕 품
普賢行及如來出	離世間品入法界
보 현 행 급 여 래 출	이 세 간 품 입 법 계
是爲十萬偈頌經	三十九品圓滿敎
시 위 십 만 게 송 경	삼 십 구 품 원 만 교
諷誦此經信受持	初發心時便正覺
풍 송 차 경 신 수 지	초 발 심 시 변 정 각
安坐如是國土海	是名毘盧遮那佛
안 좌 여 시 국 토 해	시 명 비 로 자 나 불

화엄경 약찬게

크고넓고 방정하온 부처님의 화엄경을

용수보살 게송으로 간략하게 엮으셨네.

아름다운 연꽃으로 가꾸어진 화장세계

비로자나 부처님의 진실하온 법신불과

현재에도 설법하는 노사나불 보신불과

사바세계 교주이신 석가모니 화신불과

과거현재 미래세상 모든여래 모든성자

두손모아 마음모아 지성으로 귀의하니

근본적인 화엄교설 법의바퀴 굴리심은

해인삼매 평화롭고 드넓으신 힘이어라.

보현보살 모든대중 하나하나 열거하면

금강저를 손에드신 집금강신 신중신과

만족하고 실천하는 족행신과 도량신과

성과땅을 주관하는 주성신과 주지신과

산과숲을 주관하는 주산신과 주림신과

약과곡식 주관하는 주약신과 주가신과

하천바다 주관하는 주하신과 주해신과

물과불을 주관하는 주수신과 주화신과

바람허공 주관하는 주풍신과 주공신과

밤과방향 주관하는 주방신과 주야신과

낮을맡은 주주신과 다툼의신 아수라와

용의천적 가루라왕 노래의신 긴나라와

음악의신 마후라가 흡혈귀인 야차왕과

여러모든 용왕들과 정기먹는 구반다와

가무의신 건달바왕 밤밝히는 달의천자

낮밝히는 해의천자 도리천왕 함께하고

야마천왕 도솔천왕 화락천왕 타화천왕

대범천왕 광음천왕 변정천왕 광과천왕

색계천의 대자재왕 헤아릴수 없으시네.

보현문수 법혜보살 공덕보살 금강당과

금강장과 금강혜와 광염당과 수미당과

대덕성문 사리자와 해각비구 함께하고

우바새와 우바이와 선재동자 동남동녀

그 숫자가 한량없어 말로할수 없음이라.

선재동자 남순할제 선지식이 쉰셋이라.

처음으로 찾아뵌분 문수사리 보살이요

덕운비구 해운비구 선주비구 미가장자

해탈장자 해당비구 휴사우바 비목구사

승열바라 자행동녀 선견비구 자재동자

구족우바 명지거사 법보계장 보안장자

무염족왕 대광왕자 부동우바 변행외도

우바라화 장자인과 바시라선 무상승자

사자빈신 비구니와 바수밀과 비슬지라

관자재존 정취보살 대천신과 안주지신

바산바연 주야신과 보덕정광 주야신과

희목관찰 중생야신 보구중생 묘덕야신

적정음해 주야신과 수호일체 주야신과

개부수화 주야신과 대원정진 역구호신

묘덕원만 주야신과 구바여인 마야부인

천주광녀 변우동자 중예각자 현승우바

현승견고 해탈자와 묘월장자 무승군자

최적정의 바라문과 덕생동자 유덕동녀

미륵보살 문수보살 보현보살 티끌처럼

많은대중 화엄법회 구름처럼 모여와서

비로자나 부처님을 언제든지 모시면서

연꽃으로 가꾸어진 연화장의 세계바다

대법륜을 굴리면서 조화롭게 장엄하고

시방세계 허공세계 한량없는 모든세계

또한다시 이와같이 영원토록 설법하니

여섯여섯 여섯품과 네품다시 세개품과

한품열품 한품과 한품또한 한품이라.

세주묘엄 여래현상 보현삼매 세계성취

화장세계 비로자나 여래명호 사성제품

광명각품 보살문명 정행품과 현수품과

불승수미 산정품과 수미정상 게찬품과

보살십주 범행품과 발심공덕 명법품과

불승야마 천궁품과 야마천궁 게찬품과

십행품과 무진장품 불승도솔 천궁품과

도솔천궁 게찬품과 십회향품 십지품과

십정십통 십인품과 아승지품 여래수량

보살주처 부사의법 여래십신 상해품과

여래수호 공덕품과 보현행품 여래출현

이세간품 입법계품 칠처구회 설해지니

이것바로 십만게송 화엄경의 내용이요

삼십구품 원만하니 일승원교 교설이라.

외우고서 경전말씀 믿으면서 수지하면

처음으로 발심할때 그대로가 정각이니

이와같은 화엄바다 연화세계 안좌하면

그이름이 다름아닌 비로자나 부처로다.

華嚴經 略纂偈
화 엄 경 약 찬 게

大方廣佛華嚴經	龍樹菩薩略纂偈
대 방 광 불 화 엄 경	용 수 보 살 약 찬 게
南無華藏世界海	毘盧遮那眞法身
나 무 화 장 세 계 해	비 로 자 나 진 법 신
現在說法盧舍那	釋迦牟尼諸如來
현 재 설 법 노 사 나	석 가 모 니 제 여 래
過去現在未來世	十方一切諸大聖
과 거 현 재 미 래 세	시 방 일 체 제 대 성
根本華嚴轉法輪	海印三昧勢力故
근 본 화 엄 전 법 륜	해 인 삼 매 세 력 고
普賢菩薩諸大衆	執金剛神身衆神
보 현 보 살 제 대 중	집 금 강 신 신 중 신
足行神衆道場神	主城神衆主地神
족 행 신 중 도 량 신	주 성 신 중 주 지 신
主山神衆主林神	主藥神衆主稼神
주 산 신 중 주 림 신	주 약 신 중 주 가 신

主河神衆主海神
주 하 신 중 주 해 신

主水神衆主火神
주 수 신 중 주 화 신

主風神衆主空神
주 풍 신 중 주 공 신

主方神衆主夜神
주 방 신 중 주 야 신

主晝神衆阿修羅
주 주 신 중 아 수 라

迦樓羅王緊那羅
가 루 라 왕 긴 나 라

摩睺羅伽夜叉王
마 후 라 가 야 차 왕

諸大龍王鳩槃茶
제 대 용 왕 구 반 다

乾闥婆王月天子
건 달 바 왕 월 천 자

日天子衆忉利天
일 천 자 중 도 리 천

夜摩天王兜率天
야 마 천 왕 도 솔 천

化樂天王他化天
화 락 천 왕 타 화 천

大梵天王光音天
대 범 천 왕 광 음 천

遍淨天王廣果天
변 정 천 왕 광 과 천

大自在王不可說
대 자 재 왕 불 가 설

普賢文殊大菩薩
보 현 문 수 대 보 살

法慧功德金剛幢
법 혜 공 덕 금 강 당

金剛藏及金剛慧
금 강 장 급 금 강 혜

光焰幢及須彌幢
광 염 당 급 수 미 당

大德聲聞舍利子
대 덕 성 문 사 리 자

及與比丘海覺等
급 여 비 구 해 각 등

優婆塞長優婆夷
우 바 새 장 우 바 이

善財童子童男女
선 재 동 자 동 남 녀

其數無量不可說
기 수 무 량 불 가 설

善財童子善知識　文殊舍利最第一
선 재 동 자 선 지 식　문 수 사 리 최 제 일

德雲海雲善住僧　彌伽解脫與海幢
덕 운 해 운 선 주 승　미 가 해 탈 여 해 당

休舍毘目瞿沙仙　勝熱婆羅慈行女
휴 사 비 목 구 사 선　승 열 바 라 자 행 녀

善見自在主童子　具足優婆明智士
선 견 자 재 주 동 자　구 족 우 바 명 지 사

法寶髻長與普眼　無厭足王大光王
법 보 계 장 여 보 안　무 염 족 왕 대 광 왕

不動優婆遍行外　優婆羅華長者人
부 동 우 바 변 행 외　우 바 라 화 장 자 인

婆施羅船無上勝　獅子嚬伸婆須密
바 시 라 선 무 상 승　사 자 빈 신 바 수 밀

毘瑟祇羅居士人　觀自在尊與正趣
비 슬 지 라 거 사 인　관 자 재 존 여 정 취

大天安住主地神　婆珊婆演主夜神
대 천 안 주 주 지 신　바 산 바 연 주 야 신

普德淨光主夜神　喜目觀察衆生神
보 덕 정 광 주 야 신　희 목 관 찰 중 생 신

普救衆生妙德神　寂靜音海主夜神
보 구 중 생 묘 덕 신　적 정 음 해 주 야 신

守護一切主夜神　開敷樹華主夜神
수 호 일 체 주 야 신　개 부 수 화 주 야 신

大願精進力救護	妙德圓滿瞿婆女
대 원 정 진 력 구 호	묘 덕 원 만 구 바 녀
摩耶夫人天主光	遍友童子衆藝覺
마 야 부 인 천 주 광	변 우 동 자 중 예 각
賢勝堅固解脫長	妙月長者無勝軍
현 승 견 고 해 탈 장	묘 월 장 자 무 승 군
最寂靜婆羅門者	德生童子有德女
최 적 정 바 라 문 자	덕 생 동 자 유 덕 녀
彌勒菩薩文殊等	普賢菩薩微塵衆
미 륵 보 살 문 수 등	보 현 보 살 미 진 중
於此法會雲集來	常隨毘盧遮那佛
어 차 법 회 운 집 래	상 수 비 로 자 나 불
於蓮華藏世界海	造化莊嚴大法輪
어 연 화 장 세 계 해	조 화 장 엄 대 법 륜
十方虛空諸世界	亦復如是常說法
시 방 허 공 제 세 계	역 부 여 시 상 설 법
六六六四及與三	一十一一亦復一
육 육 육 사 급 여 삼	일 십 일 일 역 부 일
世主妙嚴如來相	普賢三昧世界成
세 주 묘 엄 여 래 상	보 현 삼 매 세 계 성
華藏世界盧舍那	如來名號四聖諦
화 장 세 계 노 사 나	여 래 명 호 사 성 제
光明覺品問明品	淨行賢首須彌頂
광 명 각 품 문 명 품	정 행 현 수 수 미 정

須彌頂上偈讚品　菩薩十住梵行品
수 미 정 상 게 찬 품　보 살 십 주 범 행 품

發心功德明法品　佛昇夜摩天宮品
발 심 공 덕 명 법 품　불 승 야 마 천 궁 품

夜摩天宮偈讚品　十行品與無盡藏
야 마 천 궁 게 찬 품　십 행 품 여 무 진 장

佛昇兜率天宮品　兜率天宮偈讚品
불 승 도 솔 천 궁 품　도 솔 천 궁 게 찬 품

十回向及十地品　十定十通十忍品
십 회 향 급 십 지 품　십 정 십 통 십 인 품

阿僧祇品與壽量　菩薩住處佛不思
아 승 지 품 여 수 량　보 살 주 처 불 부 사

如來十身相海品　如來隨好功德品
여 래 십 신 상 해 품　여 래 수 호 공 덕 품

普賢行及如來出　離世間品入法界
보 현 행 급 여 래 출　이 세 간 품 입 법 계

是爲十萬偈頌經　三十九品圓滿敎
시 위 십 만 게 송 경　삼 십 구 품 원 만 교

諷誦此經信受持　初發心時便正覺
풍 송 차 경 신 수 지　초 발 심 시 변 정 각

安坐如是國土海　是名毘盧遮那佛
안 좌 여 시 국 토 해　시 명 비 로 자 나 불

화엄경 약찬게

크고넓고 방정하온 부처님의 화엄경을

용수보살 게송으로 간략하게 엮으셨네.

아름다운 연꽃으로 가꾸어진 화장세계

비로자나 부처님의 진실하온 법신불과

현재에도 설법하는 노사나불 보신불과

사바세계 교주이신 석가모니 화신불과

과거현재 미래세상 모든여래 모든성자

두손모아 마음모아 지성으로 귀의하니

근본적인 화엄교설 법의바퀴 굴리심은

해인삼매 평화롭고 드넓으신 힘이어라.

보현보살 모든대중 하나하나 열거하면

금강저를 손에드신 집금강신 신중신과

만족하고 실천하는 족행신과 도량신과

성과땅을 주관하는 주성신과 주지신과

산과숲을 주관하는 주산신과 주림신과

약과곡식 주관하는 주약신과 주가신과

하천바다 주관하는 주하신과 주해신과

물과불을 주관하는 주수신과 주화신과

바람허공 주관하는 주풍신과 주공신과

밤과방향 주관하는 주방신과 주야신과

낮을맡은 주주신과 다툼의신 아수라와

용의천적 가루라왕 노래의신 긴나라와

음악의신 마후라가 흡혈귀인 야차왕과

여러모든 용왕들과 정기먹는 구반다와

가무의신 건달바왕 밤밝히는 달의천자

낮밝히는 해의천자 도리천왕 함께하고

야마천왕 도솔천왕 화락천왕 타화천왕

대범천왕 광음천왕 변정천왕 광과천왕

색계천의 대자재왕 헤아릴수 없으시네.

보현문수 법혜보살 공덕보살 금강당과

금강장과 금강혜와 광염당과 수미당과

대덕성문 사리자와 해각비구 함께하고

우바새와 우바이와 선재동자 동남동녀

그 숫자가 한량없어 말로할수 없음이라.

선재동자 남순할제 선지식이 쉰셋이라.

처음으로 찾아뵌분 문수사리 보살이요

덕운비구 해운비구 선주비구 미가장자

해탈장자 해당비구 휴사우바 비목구사

승열바라 자행동녀 선견비구 자재동자

구족우바 명지거사 법보계장 보안장자

무염족왕 대광왕자 부동우바 변행외도

우바라화 장자인과 바시라선 무상승자

사자빈신 비구니와 바수밀과 비슬지라

관자재존 정취보살 대천신과 안주지신

바산바연 주야신과 보덕정광 주야신과

희목관찰 중생야신 보구중생 묘덕야신

적정음해 주야신과 수호일체 주야신과

개부수화 주야신과 대원정진 역구호신

묘덕원만 주야신과 구바여인 마야부인

천주광녀 변우동자 중예각자 현승우바

현승견고 해탈자와 묘월장자 무승군자

최적정의 바라문과 덕생동자 유덕동녀

미륵보살 문수보살 보현보살 티끌처럼

많은대중 화엄법회 구름처럼 모여와서

비로자나 부처님을 언제든지 모시면서

연꽃으로 가꾸어진 연화장의 세계바다

대법륜을 굴리면서 조화롭게 장엄하고

시방세계 허공세계 한량없는 모든세계

또한다시 이와같이 영원토록 설법하니

여섯여섯 여섯품과 네품다시 세개품과

한품열품 한품과 한품또한 한품이라.

세주묘엄 여래현상 보현삼매 세계성취

화장세계 비로자나 여래명호 사성제품

광명각품 보살문명 정행품과 현수품과

불승수미 산정품과 수미정상 게찬품과

보살십주 범행품과 발심공덕 명법품과

불승야마 천궁품과 야마천궁 게찬품과

십행품과 무진장품 불승도솔 천궁품과

도솔천궁 게찬품과 십회향품 십지품과

십정십통 십인품과 아승지품 여래수량

보살주처 부사의법 여래십신 상해품과

여래수호 공덕품과 보현행품 여래출현

이세간품 입법계품 칠처구회 설해지니

이것바로 십만게송 화엄경의 내용이요

삼십구품 원만하니 일승원교 교설이라.

외우고서 경전말씀 믿으면서 수지하면

처음으로 발심할때 그대로가 정각이니

이와같은 화엄바다 연화세계 안좌하면

그이름이 다름아닌 비로자나 부처로다.

華嚴經 略纂偈
화 엄 경 약 찬 게

大方廣佛華嚴經	龍樹菩薩略纂偈
대 방 광 불 화 엄 경	용 수 보 살 약 찬 게
南無華藏世界海	毘盧遮那眞法身
나 무 화 장 세 계 해	비 로 자 나 진 법 신
現在說法盧舍那	釋迦牟尼諸如來
현 재 설 법 노 사 나	석 가 모 니 제 여 래
過去現在未來世	十方一切諸大聖
과 거 현 재 미 래 세	시 방 일 체 제 대 성
根本華嚴轉法輪	海印三昧勢力故
근 본 화 엄 전 법 륜	해 인 삼 매 세 력 고
普賢菩薩諸大衆	執金剛神身衆神
보 현 보 살 제 대 중	집 금 강 신 신 중 신
足行神衆道場神	主城神衆主地神
족 행 신 중 도 량 신	주 성 신 중 주 지 신
主山神衆主林神	主藥神衆主稼神
주 산 신 중 주 림 신	주 약 신 중 주 가 신

主河神衆主海神
주 하 신 중 주 해 신

主水神衆主火神
주 수 신 중 주 화 신

主風神衆主空神
주 풍 신 중 주 공 신

主方神衆主夜神
주 방 신 중 주 야 신

主晝神衆阿修羅
주 주 신 중 아 수 라

迦樓羅王緊那羅
가 루 라 왕 긴 나 라

摩睺羅伽夜叉王
마 후 라 가 야 차 왕

諸大龍王鳩槃茶
제 대 용 왕 구 반 다

乾闥婆王月天子
건 달 바 왕 월 천 자

日天子衆忉利天
일 천 자 중 도 리 천

夜摩天王兜率天
야 마 천 왕 도 솔 천

化樂天王他化天
화 락 천 왕 타 화 천

大梵天王光音天
대 범 천 왕 광 음 천

遍淨天王廣果天
변 정 천 왕 광 과 천

大自在王不可說
대 자 재 왕 불 가 설

普賢文殊大菩薩
보 현 문 수 대 보 살

法慧功德金剛幢
법 혜 공 덕 금 강 당

金剛藏及金剛慧
금 강 장 급 금 강 혜

光焰幢及須彌幢
광 염 당 급 수 미 당

大德聲聞舍利子
대 덕 성 문 사 리 자

及與比丘海覺等
급 여 비 구 해 각 등

優婆塞長優婆夷
우 바 새 장 우 바 이

善財童子童男女
선 재 동 자 동 남 녀

其數無量不可說
기 수 무 량 불 가 설

善財童子善知識	文殊舍利最第一
선 재 동 자 선 지 식	문 수 사 리 최 제 일
德雲海雲善住僧	彌伽解脫與海幢
덕 운 해 운 선 주 승	미 가 해 탈 여 해 당
休舍毘目瞿沙仙	勝熱婆羅慈行女
휴 사 비 목 구 사 선	승 열 바 라 자 행 녀
善見自在主童子	具足優婆明智士
선 견 자 재 주 동 자	구 족 우 바 명 지 사
法寶髻長與普眼	無厭足王大光王
법 보 계 장 여 보 안	무 염 족 왕 대 광 왕
不動優婆遍行外	優婆羅華長者人
부 동 우 바 변 행 외	우 바 라 화 장 자 인
婆施羅船無上勝	獅子嚬伸婆須密
바 시 라 선 무 상 승	사 자 빈 신 바 수 밀
毘瑟祇羅居士人	觀自在尊與正趣
비 슬 지 라 거 사 인	관 자 재 존 여 정 취
大天安住主地神	婆珊婆演主夜神
대 천 안 주 주 지 신	바 산 바 연 주 야 신
普德淨光主夜神	喜目觀察衆生神
보 덕 정 광 주 야 신	희 목 관 찰 중 생 신
普救衆生妙德神	寂淨音海主夜神
보 구 중 생 묘 덕 신	적 정 음 해 주 야 신
守護一切主夜神	開敷樹華主夜神
수 호 일 체 주 야 신	개 부 수 화 주 야 신

大願精進力救護　妙德圓滿瞿婆女
대 원 정 진 력 구 호　묘 덕 원 만 구 바 녀

摩耶夫人天主光　遍友童子衆藝覺
마 야 부 인 천 주 광　변 우 동 자 중 예 각

賢勝堅固解脫長　妙月長者無勝軍
현 승 견 고 해 탈 장　묘 월 장 자 무 승 군

最寂靜婆羅門者　德生童子有德女
최 적 정 바 라 문 자　덕 생 동 자 유 덕 녀

彌勒菩薩文殊等　普賢菩薩微塵衆
미 륵 보 살 문 수 등　보 현 보 살 미 진 중

於此法會雲集來　常隨毘盧遮那佛
어 차 법 회 운 집 래　상 수 비 로 자 나 불

於蓮華藏世界海　造化莊嚴大法輪
어 연 화 장 세 계 해　조 화 장 엄 대 법 륜

十方虛空諸世界　亦復如是常說法
시 방 허 공 제 세 계　역 부 여 시 상 설 법

六六六四及與三　一十一一亦復一
육 육 육 사 급 여 삼　일 십 일 일 역 부 일

世主妙嚴如來相　普賢三昧世界成
세 주 묘 엄 여 래 상　보 현 삼 매 세 계 성

華藏世界盧舍那　如來名號四聖諦
화 장 세 계 노 사 나　여 래 명 호 사 성 제

光明覺品問明品　淨行賢首須彌頂
광 명 각 품 문 명 품　정 행 현 수 수 미 정

須彌頂上偈讚品　菩薩十住梵行品
수 미 정 상 게 찬 품　보 살 십 주 범 행 품

發心功德明法品　佛昇夜摩天宮品
발 심 공 덕 명 법 품　불 승 야 마 천 궁 품

夜摩天宮偈讚品　十行品與無盡藏
야 마 천 궁 게 찬 품　십 행 품 여 무 진 장

佛昇兜率天宮品　兜率天宮偈讚品
불 승 도 솔 천 궁 품　도 솔 천 궁 게 찬 품

十回向及十地品　十定十通十忍品
십 회 향 급 십 지 품　십 정 십 통 십 인 품

阿僧祇品與壽量　菩薩住處佛不思
아 승 지 품 여 수 량　보 살 주 처 불 부 사

如來十身相海品　如來隨好功德品
여 래 십 신 상 해 품　여 래 수 호 공 덕 품

普賢行及如來出　離世間品入法界
보 현 행 급 여 래 출　이 세 간 품 입 법 계

是爲十萬偈頌經　三十九品圓滿敎
시 위 십 만 게 송 경　삼 십 구 품 원 만 교

諷誦此經信受持　初發心時便正覺
풍 송 차 경 신 수 지　초 발 심 시 변 정 각

安坐如是國土海　是名毗盧遮那佛
안 좌 여 시 국 토 해　시 명 비 로 자 나 불

화엄경 약찬게

크고넓고 방정하온 부처님의 화엄경을

용수보살 게송으로 간략하게 엮으셨네.

아름다운 연꽃으로 가꾸어진 화장세계

비로자나 부처님의 진실하온 법신불과

현재에도 설법하는 노사나불 보신불과

사바세계 교주이신 석가모니 화신불과

과거현재 미래세상 모든여래 모든성자

두손모아 마음모아 지성으로 귀의하니

근본적인 화엄교설 법의바퀴 굴리심은

해인삼매 평화롭고 드넓으신 힘이어라.

보현보살 모든대중 하나하나 열거하면

금강저를 손에드신 집금강신 신중신과

만족하고 실천하는 족행신과 도량신과

성과땅을 주관하는 주성신과 주지신과

산과숲을 주관하는 주산신과 주림신과

약과곡식 주관하는 주약신과 주가신과

하천바다 주관하는 주하신과 주해신과

물과불을 주관하는 주수신과 주화신과

바람허공 주관하는 주풍신과 주공신과

밤과방향 주관하는 주방신과 주야신과

낮을맡은 주주신과 다툼의신 아수라와

용의천적 가루라왕 노래의신 긴나라와

음악의신 마후라가 흡혈귀인 야차왕과

여러모든 용왕들과 정기먹는 구반다와

가무의신 건달바왕 밤밝히는 달의천자

낮밝히는 해의천자 도리천왕 함께하고

야마천왕 도솔천왕 화락천왕 타화천왕

대범천왕 광음천왕 변정천왕 광과천왕

색계천의 대자재왕 헤아릴수 없으시네.

보현문수 법혜보살 공덕보살 금강당과

금강장과 금강혜와 광염당과 수미당과

대덕성문 사리자와 해각비구 함께하고

우바새와 우바이와 선재동자 동남동녀

그 숫자가 한량없어 말로할 수 없음이라.

선재동자 남순할제 선지식이 쉰셋이라.

처음으로 찾아뵌분 문수사리 보살이요

덕운비구 해운비구 선주비구 미가장자

해탈장자 해당비구 휴사우바 비목구사

승열바라 자행동녀 선견비구 자재동자

구족우바 명지거사 법보계장 보안장자

무염족왕 대광왕자 부동우바 변행외도

우바라화 장자인과 바시라선 무상승자

사자빈신 비구니와 바수밀과 비슬지라

관자재존 정취보살 대천신과 안주지신

바산바연 주야신과 보덕정광 주야신과

희목관찰 중생야신 보구중생 묘덕야신

적정음해 주야신과 수호일체 주야신과

개부수화 주야신과 대원정진 역구호신

묘덕원만 주야신과 구바여인 마야부인

천주광녀 변우동자 중예각자 현승우바

현승견고 해탈자와 묘월장자 무승군자

최적정의 바라문과 덕생동자 유덕동녀

미륵보살 문수보살 보현보살 티끌처럼

많은대중 화엄법회 구름처럼 모여와서

비로자나 부처님을 언제든지 모시면서

연꽃으로 가꾸어진 연화장의 세계바다

대법륜을 굴리면서 조화롭게 장엄하고

시방세계 허공세계 한량없는 모든세계

또한다시 이와같이 영원토록 설법하니

여섯여섯 여섯품과 네품다시 세개품과

한품열품 한품과 한품또한 한품이라.

세주묘엄 여래현상 보현삼매 세계성취

화장세계 비로자나 여래명호 사성제품

광명각품 보살문명 정행품과 현수품과

불승수미 산정품과 수미정상 게찬품과

보살십주 범행품과 발심공덕 명법품과

불승야마 천궁품과 야마천궁 게찬품과

십행품과 무진장품 불승도솔 천궁품과

도솔천궁 게찬품과 십회향품 십지품과

십정십통 십인품과 아승지품 여래수량

보살주처 부사의법 여래십신 상해품과

여래수호 공덕품과 보현행품 여래출현

이세간품 입법계품 칠처구회 설해지니

이것바로 십만게송 화엄경의 내용이요

삼십구품 원만하니 일승원교 교설이라.

외우고서 경전말씀 믿으면서 수지하면

처음으로 발심할때 그대로가 정각이니

이와같은 화엄바다 연화세계 안좌하면

그이름이 다름아닌 비로자나 부처로다.

華嚴經 略纂偈
화 엄 경 약 찬 게

大方廣佛華嚴經　　龍樹菩薩略纂偈
대 방 광 불 화 엄 경　　용 수 보 살 약 찬 게

南無華藏世界海　　毘盧遮那眞法身
나 무 화 장 세 계 해　　비 로 자 나 진 법 신

現在說法盧舍那　　釋迦牟尼諸如來
현 재 설 법 노 사 나　　석 가 모 니 제 여 래

過去現在未來世　　十方一切諸大聖
과 거 현 재 미 래 세　　시 방 일 체 제 대 성

根本華嚴轉法輪　　海印三昧勢力故
근 본 화 엄 전 법 륜　　해 인 삼 매 세 력 고

普賢菩薩諸大衆　　執金剛神身衆神
보 현 보 살 제 대 중　　집 금 강 신 신 중 신

足行神衆道場神　　主城神衆主地神
족 행 신 중 도 량 신　　주 성 신 중 주 지 신

主山神衆主林神　　主藥神衆主稼神
주 산 신 중 주 림 신　　주 약 신 중 주 가 신

主河神衆主海神
주 하 신 중 주 해 신

主水神衆主火神
주 수 신 중 주 화 신

主風神衆主空神
주 풍 신 중 주 공 신

主方神衆主夜神
주 방 신 중 주 야 신

主晝神衆阿修羅
주 주 신 중 아 수 라

迦樓羅王緊那羅
가 루 라 왕 긴 나 라

摩睺羅伽夜叉王
마 후 라 가 야 차 왕

諸大龍王鳩槃茶
제 대 용 왕 구 반 다

乾闥婆王月天子
건 달 바 왕 월 천 자

日天子衆忉利天
일 천 자 중 도 리 천

夜摩天王兜率天
야 마 천 왕 도 솔 천

化樂天王他化天
화 락 천 왕 타 화 천

大梵天王光音天
대 범 천 왕 광 음 천

遍淨天王廣果天
변 정 천 왕 광 과 천

大自在王不可說
대 자 재 왕 불 가 설

普賢文殊大菩薩
보 현 문 수 대 보 살

法慧功德金剛幢
법 혜 공 덕 금 강 당

金剛藏及金剛慧
금 강 장 급 금 강 혜

光焰幢及須彌幢
광 염 당 급 수 미 당

大德聲聞舍利子
대 덕 성 문 사 리 자

及與比丘海覺等
급 여 비 구 해 각 등

優婆塞長優婆夷
우 바 새 장 우 바 이

善財童子童男女
선 재 동 자 동 남 녀

其數無量不可說
기 수 무 량 불 가 설

善財童子善知識	文殊舍利最第一
선 재 동 자 선 지 식	문 수 사 리 최 제 일
德雲海雲善住僧	彌伽解脫與海幢
덕 운 해 운 선 주 승	미 가 해 탈 여 해 당
休舍毘目瞿沙仙	勝熱婆羅慈行女
휴 사 비 목 구 사 선	승 열 바 라 자 행 녀
善見自在主童子	具足優婆明智士
선 견 자 재 주 동 자	구 족 우 바 명 지 사
法寶髻長與普眼	無厭足王大光王
법 보 계 장 여 보 안	무 염 족 왕 대 광 왕
不動優婆遍行外	優婆羅華長者人
부 동 우 바 변 행 외	우 바 라 화 장 자 인
婆施羅船無上勝	獅子嚬伸婆須密
바 시 라 선 무 상 승	사 자 빈 신 바 수 밀
毘瑟祗羅居士人	觀自在尊與正趣
비 슬 지 라 거 사 인	관 자 재 존 여 정 취
大天安住主地神	婆珊婆演主夜神
대 천 안 주 주 지 신	바 산 바 연 주 야 신
普德淨光主夜神	喜目觀察衆生神
보 덕 정 광 주 야 신	희 목 관 찰 중 생 신
普救衆生妙德神	寂淨音海主夜神
보 구 중 생 묘 덕 신	적 정 음 해 주 야 신
守護一切主夜神	開敷樹華主夜神
수 호 일 체 주 야 신	개 부 수 화 주 야 신

大	願	精	進	力	救	護	妙	德	圓	滿	瞿	婆	女
대	원	정	진	력	구	호	묘	덕	원	만	구	바	녀

摩	耶	夫	人	天	主	光	遍	友	童	子	衆	藝	覺
마	야	부	인	천	주	광	변	우	동	자	중	예	각

賢	勝	堅	固	解	脫	長	妙	月	長	者	無	勝	軍
현	승	견	고	해	탈	장	묘	월	장	자	무	승	군

最	寂	靜	婆	羅	門	者	德	生	童	子	有	德	女
최	적	정	바	라	문	자	덕	생	동	자	유	덕	녀

彌	勒	菩	薩	文	殊	等	普	賢	菩	薩	微	塵	衆
미	륵	보	살	문	수	등	보	현	보	살	미	진	중

於	此	法	會	雲	集	來	常	隨	毘	盧	遮	那	佛
어	차	법	회	운	집	래	상	수	비	로	자	나	불

於	蓮	華	藏	世	界	海	造	化	莊	嚴	大	法	輪
어	연	화	장	세	계	해	조	화	장	엄	대	법	륜

十	方	虛	空	諸	世	界	亦	復	如	是	常	說	法
시	방	허	공	제	세	계	역	부	여	시	상	설	법

六	六	六	四	及	與	三	一	十	一	一	一	亦	復	一
육	육	육	사	급	여	삼	일	십	일	일	역	부	일	

世	主	妙	嚴	如	來	相	普	賢	三	昧	世	界	成
세	주	묘	엄	여	래	상	보	현	삼	매	세	계	성

華	藏	世	界	盧	舍	那	如	來	名	號	四	聖	諦
화	장	세	계	노	사	나	여	래	명	호	사	성	제

光	明	覺	品	問	明	品	淨	行	賢	首	須	彌	頂
광	명	각	품	문	명	품	정	행	현	수	수	미	정

須彌頂上偈讚品　菩薩十住梵行品
수 미 정 상 게 찬 품　보 살 십 주 범 행 품

發心功德明法品　佛昇夜摩天宮品
발 심 공 덕 명 법 품　불 승 야 마 천 궁 품

夜摩天宮偈讚品　十行品與無盡藏
야 마 천 궁 게 찬 품　십 행 품 여 무 진 장

佛昇兜率天宮品　兜率天宮偈讚品
불 승 도 솔 천 궁 품　도 솔 천 궁 게 찬 품

十回向及十地品　十定十通十忍品
십 회 향 급 십 지 품　십 정 십 통 십 인 품

阿僧祇品與壽量　菩薩住處佛不思
아 승 지 품 여 수 량　보 살 주 처 불 부 사

如來十身相海品　如來隨好功德品
여 래 십 신 상 해 품　여 래 수 호 공 덕 품

普賢行及如來出　離世間品入法界
보 현 행 급 여 래 출　이 세 간 품 입 법 계

是爲十萬偈頌經　三十九品圓滿敎
시 위 십 만 게 송 경　삼 십 구 품 원 만 교

諷誦此經信受持　初發心時便正覺
풍 송 차 경 신 수 지　초 발 심 시 변 정 각

安坐如是國土海　是名毘盧遮那佛
안 좌 여 시 국 토 해　시 명 비 로 자 나 불

화엄경 약찬게

크고넓고 방정하온 부처님의 화엄경을

용수보살 게송으로 간략하게 엮으셨네.

아름다운 연꽃으로 가꾸어진 화장세계

비로자나 부처님의 진실하온 법신불과

현재에도 설법하는 노사나불 보신불과

사바세계 교주이신 석가모니 화신불과

과거현재 미래세상 모든여래 모든성자

두손모아 마음모아 지성으로 귀의하니

근본적인 화엄교설 법의바퀴 굴리심은

해인삼매 평화롭고 드넓으신 힘이어라.

보현보살 모든대중 하나하나 열거하면

금강저를 손에드신 집금강신 신중신과

만족하고 실천하는 족행신과 도량신과
성과땅을 주관하는 주성신과 주지신과
산과숲을 주관하는 주산신과 주림신과
약과곡식 주관하는 주약신과 주가신과
하천바다 주관하는 주하신과 주해신과
물과불을 주관하는 주수신과 주화신과
바람허공 주관하는 주풍신과 주공신과
밤과방향 주관하는 주방신과 주야신과
낮을맡은 주주신과 다툼의신 아수라와
용의천적 가루라왕 노래의신 긴나라와
음악의신 마후라가 흡혈귀인 야차왕과
여러모든 용왕들과 정기먹는 구반다와
가무의신 건달바왕 밤밝히는 달의천자
낮밝히는 해의천자 도리천왕 함께하고
야마천왕 도솔천왕 화락천왕 타화천왕
대범천왕 광음천왕 변정천왕 광과천왕
색계천의 대자재왕 헤아릴수 없으시네.

보현문수 법혜보살 공덕보살 금강당과

금강장과 금강혜와 광염당과 수미당과

대덕성문 사리자와 해각비구 함께하고

우바새와 우바이와 선재동자 동남동녀

그 숫자가 한량없어 말로할수 없음이라.

선재동자 남순할제 선지식이 쉰셋이라.

처음으로 찾아뵌분 문수사리 보살이요

덕운비구 해운비구 선주비구 미가장자

해탈장자 해당비구 휴사우바 비목구사

승열바라 자행동녀 선견비구 자재동자

구족우바 명지거사 법보계장 보안장자

무염족왕 대광왕자 부동우바 변행외도

우바라화 장자인과 바시라선 무상승자

사자빈신 비구니와 바수밀과 비슬지라

관자재존 정취보살 대천신과 안주지신

바산바연 주야신과 보덕정광 주야신과

희목관찰 중생야신 보구중생 묘덕야신

적정음해 주야신과 수호일체 주야신과

개부수화 주야신과 대원정진 역구호신

묘덕원만 주야신과 구바여인 마야부인

천주광녀 변우동자 중예각자 현승우바

현승견고 해탈자와 묘월장자 무승군자

최적정의 바라문과 덕생동자 유덕동녀

미륵보살 문수보살 보현보살 티끌처럼

많은대중 화엄법회 구름처럼 모여와서

비로자나 부처님을 언제든지 모시면서

연꽃으로 가꾸어진 연화장의 세계바다

대법륜을 굴리면서 조화롭게 장엄하고

시방세계 허공세계 한량없는 모든세계

또한다시 이와같이 영원토록 설법하니

여섯여섯 여섯품과 네품다시 세개품과

한품열품 한품과 한품또한 한품이라.

세주묘엄 여래현상 보현삼매 세계성취

화장세계 비로자나 여래명호 사성제품

광명각품 보살문명 정행품과 현수품과

불승수미 산정품과 수미정상 게찬품과

보살십주 범행품과 발심공덕 명법품과

불승야마 천궁품과 야마천궁 게찬품과

십행품과 무진장품 불승도솔 천궁품과

도솔천궁 게찬품과 십회향품 십지품과

십정십통 십인품과 아승지품 여래수량

보살주처 부사의법 여래십신 상해품과

여래수호 공덕품과 보현행품 여래출현

이세간품 입법계품 칠처구회 설해지니

이것바로 십만게송 화엄경의 내용이요

삼십구품 원만하니 일승원교 교설이라.

외우고서 경전말씀 믿으면서 수지하면

처음으로 발심할때 그대로가 정각이니

이와같은 화엄바다 연화세계 안좌하면

그이름이 다름아닌 비로자나 부처로다.

華嚴經 略纂偈
화 엄 경 약 찬 게

大方廣佛華嚴經	龍樹菩薩略纂偈
대 방 광 불 화 엄 경	용 수 보 살 약 찬 게
南無華藏世界海	毘盧遮那眞法身
나 무 화 장 세 계 해	비 로 자 나 진 법 신
現在說法盧舍那	釋迦牟尼諸如來
현 재 설 법 노 사 나	석 가 모 니 제 여 래
過去現在未來世	十方一切諸大聖
과 거 현 재 미 래 세	시 방 일 체 제 대 성
根本華嚴轉法輪	海印三昧勢力故
근 본 화 엄 전 법 륜	해 인 삼 매 세 력 고
普賢菩薩諸大衆	執金剛神身衆神
보 현 보 살 제 대 중	집 금 강 신 신 중 신
足行神衆道場神	主城神衆主地神
족 행 신 중 도 량 신	주 성 신 중 주 지 신
主山神衆主林神	主藥神衆主稼神
주 산 신 중 주 림 신	주 약 신 중 주 가 신

主河神衆主海神
주 하 신 중 주 해 신

主水神衆主火神
주 수 신 중 주 화 신

主風神衆主空神
주 풍 신 중 주 공 신

主方神衆主夜神
주 방 신 중 주 야 신

主晝神衆阿修羅
주 주 신 중 아 수 라

迦樓羅王緊那羅
가 루 라 왕 긴 나 라

摩睺羅伽夜叉王
마 후 라 가 야 차 왕

諸大龍王鳩槃茶
제 대 용 왕 구 반 다

乾闥婆王月天子
건 달 바 왕 월 천 자

日天子衆忉利天
일 천 자 중 도 리 천

夜摩天王兜率天
야 마 천 왕 도 솔 천

化樂天王他化天
화 락 천 왕 타 화 천

大梵天王光音天
대 범 천 왕 광 음 천

遍淨天王廣果天
변 정 천 왕 광 과 천

大自在王不可說
대 자 재 왕 불 가 설

普賢文殊大菩薩
보 현 문 수 대 보 살

法慧功德金剛幢
법 혜 공 덕 금 강 당

金剛藏及金剛慧
금 강 장 급 금 강 혜

光焰幢及須彌幢
광 염 당 급 수 미 당

大德聲聞舍利子
대 덕 성 문 사 리 자

及與比丘海覺等
급 여 비 구 해 각 등

優婆塞長優婆夷
우 바 새 장 우 바 이

善財童子童男女
선 재 동 자 동 남 녀

其數無量不可說
기 수 무 량 불 가 설

善財童子善知識 文殊舍利最第一
선 재 동 자 선 지 식　문 수 사 리 최 제 일

德雲海雲善住僧 彌伽解脫與海幢
덕 운 해 운 선 주 승　미 가 해 탈 여 해 당

休舍毘目瞿沙仙 勝熱婆羅慈行女
휴 사 비 목 구 사 선　승 열 바 라 자 행 녀

善見自在主童子 具足優婆明智士
선 견 자 재 주 동 자　구 족 우 바 명 지 사

法寶髻長與普眼 無厭足王大光王
법 보 계 장 여 보 안　무 염 족 왕 대 광 왕

不動優婆遍行外 優婆羅華長者人
부 동 우 바 변 행 외　우 바 라 화 장 자 인

婆施羅船無上勝 獅子嚬伸婆須密
바 시 라 선 무 상 승　사 자 빈 신 바 수 밀

毘瑟祇羅居士人 觀自在尊與正趣
비 슬 지 라 거 사 인　관 자 재 존 여 정 취

大天安住主地神 婆珊婆演主夜神
대 천 안 주 주 지 신　바 산 바 연 주 야 신

普德淨光主夜神 喜目觀察衆生神
보 덕 정 광 주 야 신　희 목 관 찰 중 생 신

普救衆生妙德神 寂靜音海主夜神
보 구 중 생 묘 덕 신　적 정 음 해 주 야 신

守護一切主夜神 開敷樹華主夜神
수 호 일 체 주 야 신　개 부 수 화 주 야 신

大願精進力救護	妙德圓滿瞿婆女
대 원 정 진 력 구 호	묘 덕 원 만 구 바 녀
摩耶夫人天主光	遍友童子衆藝覺
마 야 부 인 천 주 광	변 우 동 자 중 예 각
賢勝堅固解脫長	妙月長者無勝軍
현 승 견 고 해 탈 장	묘 월 장 자 무 승 군
最寂靜婆羅門者	德生童子有德女
최 적 정 바 라 문 자	덕 생 동 자 유 덕 녀
彌勒菩薩文殊等	普賢菩薩微塵衆
미 륵 보 살 문 수 등	보 현 보 살 미 진 중
於此法會雲集來	常隨毘盧遮那佛
어 차 법 회 운 집 래	상 수 비 로 자 나 불
於蓮華藏世界海	造化莊嚴大法輪
어 연 화 장 세 계 해	조 화 장 엄 대 법 륜
十方虛空諸世界	亦復如是常說法
시 방 허 공 제 세 계	역 부 여 시 상 설 법
六六六四及與三	一十一一亦復一
육 육 육 사 급 여 삼	일 십 일 일 역 부 일
世主妙嚴如來相	普賢三昧世界成
세 주 묘 엄 여 래 상	보 현 삼 매 세 계 성
華藏世界盧舍那	如來名號四聖諦
화 장 세 계 노 사 나	여 래 명 호 사 성 제
光明覺品問明品	淨行賢首須彌頂
광 명 각 품 문 명 품	정 행 현 수 수 미 정

須彌頂上偈讚品　菩薩十住梵行品
수 미 정 상 게 찬 품　보 살 십 주 범 행 품

發心功德明法品　佛昇夜摩天宮品
발 심 공 덕 명 법 품　불 승 야 마 천 궁 품

夜摩天宮偈讚品　十行品與無盡藏
야 마 천 궁 게 찬 품　십 행 품 여 무 진 장

佛昇兜率天宮品　兜率天宮偈讚品
불 승 도 솔 천 궁 품　도 솔 천 궁 게 찬 품

十回向及十地品　十定十通十忍品
십 회 향 급 십 지 품　십 정 십 통 십 인 품

阿僧祇品與壽量　菩薩住處佛不思
아 승 지 품 여 수 량　보 살 주 처 불 부 사

如來十身相海品　如來隨好功德品
여 래 십 신 상 해 품　여 래 수 호 공 덕 품

普賢行及如來出　離世間品入法界
보 현 행 급 여 래 출　이 세 간 품 입 법 계

是爲十萬偈頌經　三十九品圓滿敎
시 위 십 만 게 송 경　삼 십 구 품 원 만 교

諷誦此經信受持　初發心時便正覺
풍 송 차 경 신 수 지　초 발 심 시 변 정 각

安坐如是國土海　是名毘盧遮那佛
안 좌 여 시 국 토 해　시 명 비 로 자 나 불

화엄경 약찬게

크고넓고 방정하온 부처님의 화엄경을

용수보살 게송으로 간략하게 엮으셨네.

아름다운 연꽃으로 가꾸어진 화장세계

비로자나 부처님의 진실하온 법신불과

현재에도 설법하는 노사나불 보신불과

사바세계 교주이신 석가모니 화신불과

과거현재 미래세상 모든여래 모든성자

두손모아 마음모아 지성으로 귀의하니

근본적인 화엄교설 법의바퀴 굴리심은

해인삼매 평화롭고 드넓으신 힘이어라.

보현보살 모든대중 하나하나 열거하면

금강저를 손에드신 집금강신 신중신과

만족하고 실천하는 족행신과 도량신과

성과땅을 주관하는 주성신과 주지신과

산과숲을 주관하는 주산신과 주림신과

약과곡식 주관하는 주약신과 주가신과

하천바다 주관하는 주하신과 주해신과

물과불을 주관하는 주수신과 주화신과

바람허공 주관하는 주풍신과 주공신과

밤과방향 주관하는 주방신과 주야신과

낮을맡은 주주신과 다툼의신 아수라와

용의천적 가루라왕 노래의신 긴나라와

음악의신 마후라가 흡혈귀인 야차왕과

여러모든 용왕들과 정기먹는 구반다와

가무의신 건달바왕 밤밝히는 달의천자

낮밝히는 해의천자 도리천왕 함께하고

야마천왕 도솔천왕 화락천왕 타화천왕

대범천왕 광음천왕 변정천왕 광과천왕

색계천의 대자재왕 헤아릴수 없으시네.

보현문수 법혜보살 공덕보살 금강당과

금강장과 금강혜와 광염당과 수미당과

대덕성문 사리자와 해각비구 함께하고

우바새와 우바이와 선재동자 동남동녀

그 숫자가 한량없어 말로할수 없음이라.

선재동자 남순할제 선지식이 쉰셋이라.

처음으로 찾아뵌분 문수사리 보살이요

덕운비구 해운비구 선주비구 미가장자

해탈장자 해당비구 휴사우바 비목구사

승열바라 자행동녀 선견비구 자재동자

구족우바 명지거사 법보계장 보안장자

무염족왕 대광왕자 부동우바 변행외도

우바라화 장자인과 바시라선 무상승자

사자빈신 비구니와 바수밀과 비슬지라

관자재존 정취보살 대천신과 안주지신

바산바연 주야신과 보덕정광 주야신과

희목관찰 중생야신 보구중생 묘덕야신

적정음해 주야신과 수호일체 주야신과

개부수화 주야신과 대원정진 역구호신

묘덕원만 주야신과 구바여인 마야부인

천주광녀 변우동자 중예각자 현승우바

현승견고 해탈자와 묘월장자 무승군자

최적정의 바라문과 덕생동자 유덕동녀

미륵보살 문수보살 보현보살 티끌처럼

많은대중 화엄법회 구름처럼 모여와서

비로자나 부처님을 언제든지 모시면서

연꽃으로 가꾸어진 연화장의 세계바다

대법륜을 굴리면서 조화롭게 장엄하고

시방세계 허공세계 한량없는 모든세계

또한다시 이와같이 영원토록 설법하니

여섯여섯 여섯품과 네품다시 세개품과

한품열품 한품과 한품또한 한품이라.

세주묘엄 여래현상 보현삼매 세계성취

화장세계 비로자나 여래명호 사성제품

광명각품 보살문명 정행품과 현수품과

불승수미 산정품과 수미정상 게찬품과

보살십주 범행품과 발심공덕 명법품과

불승야마 천궁품과 야마천궁 게찬품과

십행품과 무진장품 불승도솔 천궁품과

도솔천궁 게찬품과 십회향품 십지품과

십정십통 십인품과 아승지품 여래수량

보살주처 부사의법 여래십신 상해품과

여래수호 공덕품과 보현행품 여래출현

이세간품 입법계품 칠처구회 설해지니

이것바로 십만게송 화엄경의 내용이요

삼십구품 원만하니 일승원교 교설이라.

외우고서 경전말씀 믿으면서 수지하면

처음으로 발심할때 그대로가 정각이니

이와같은 화엄바다 연화세계 안좌하면

그이름이 다름아닌 비로자나 부처로다.

華嚴經 略纂偈
화 엄 경 약 찬 게

大方廣佛華嚴經　　龍樹菩薩略纂偈
대 방 광 불 화 엄 경　　용 수 보 살 약 찬 게

南無華藏世界海　　毘盧遮那眞法身
나 무 화 장 세 계 해　　비 로 자 나 진 법 신

現在說法盧舍那　　釋迦牟尼諸如來
현 재 설 법 노 사 나　　석 가 모 니 제 여 래

過去現在未來世　　十方一切諸大聖
과 거 현 재 미 래 세　　시 방 일 체 제 대 성

根本華嚴轉法輪　　海印三昧勢力故
근 본 화 엄 전 법 륜　　해 인 삼 매 세 력 고

普賢菩薩諸大衆　　執金剛神身衆神
보 현 보 살 제 대 중　　집 금 강 신 신 중 신

足行神衆道場神　　主城神衆主地神
족 행 신 중 도 량 신　　주 성 신 중 주 지 신

主山神衆主林神　　主藥神衆主稼神
주 산 신 중 주 림 신　　주 약 신 중 주 가 신

主河神衆主海神
주 하 신 중 주 해 신

主水神衆主火神
주 수 신 중 주 화 신

主風神衆主空神
주 풍 신 중 주 공 신

主方神衆主夜神
주 방 신 중 주 야 신

主晝神衆阿修羅
주 주 신 중 아 수 라

迦樓羅王緊那羅
가 루 라 왕 긴 나 라

摩睺羅伽夜叉王
마 후 라 가 야 차 왕

諸大龍王鳩槃茶
제 대 용 왕 구 반 다

乾闥婆王月天子
건 달 바 왕 월 천 자

日天子衆忉利天
일 천 자 중 도 리 천

夜摩天王兜率天
야 마 천 왕 도 솔 천

化樂天王他化天
화 락 천 왕 타 화 천

大梵天王光音天
대 범 천 왕 광 음 천

遍淨天王廣果天
변 정 천 왕 광 과 천

大自在王不可說
대 자 재 왕 불 가 설

普賢文殊大菩薩
보 현 문 수 대 보 살

法慧功德金剛幢
법 혜 공 덕 금 강 당

金剛藏及金剛慧
금 강 장 급 금 강 혜

光焰幢及須彌幢
광 염 당 급 수 미 당

大德聲聞舍利子
대 덕 성 문 사 리 자

及與比丘海覺等
급 여 비 구 해 각 등

優婆塞長優婆夷
우 바 새 장 우 바 이

善財童子童男女
선 재 동 자 동 남 녀

其數無量不可說
기 수 무 량 불 가 설

善財童子善知識	文殊舍利最第一
선 재 동 자 선 지 식	문 수 사 리 최 제 일
德雲海雲善住僧	彌伽解脫與海幢
덕 운 해 운 선 주 승	미 가 해 탈 여 해 당
休舍毘目瞿沙仙	勝熱婆羅慈行女
휴 사 비 목 구 사 선	승 열 바 라 자 행 녀
善見自在主童子	具足優婆明智士
선 견 자 재 주 동 자	구 족 우 바 명 지 사
法寶髻長與普眼	無厭足王大光王
법 보 계 장 여 보 안	무 염 족 왕 대 광 왕
不動優婆遍行外	優婆羅華長者人
부 동 우 바 변 행 외	우 바 라 화 장 자 인
婆施羅船無上勝	獅子嚬伸婆須密
바 시 라 선 무 상 승	사 자 빈 신 바 수 밀
毘瑟祇羅居士人	觀自在尊與正趣
비 슬 지 라 거 사 인	관 자 재 존 여 정 취
大天安住主地神	婆珊婆演主夜神
대 천 안 주 주 지 신	바 산 바 연 주 야 신
普德淨光主夜神	喜目觀察眾生神
보 덕 정 광 주 야 신	희 목 관 찰 중 생 신
普救眾生妙德神	寂靜音海主夜神
보 구 중 생 묘 덕 신	적 정 음 해 주 야 신
守護一切主夜神	開敷樹華主夜神
수 호 일 체 주 야 신	개 부 수 화 주 야 신

大願精進力救護	妙德圓滿瞿婆女
대 원 정 진 력 구 호	묘 덕 원 만 구 바 녀
摩耶夫人天主光	遍友童子衆藝覺
마 야 부 인 천 주 광	변 우 동 자 중 예 각
賢勝堅固解脫長	妙月長者無勝軍
현 승 견 고 해 탈 장	묘 월 장 자 무 승 군
最寂靜婆羅門者	德生童子有德女
최 적 정 바 라 문 자	덕 생 동 자 유 덕 녀
彌勒菩薩文殊等	普賢菩薩微塵衆
미 륵 보 살 문 수 등	보 현 보 살 미 진 중
於此法會雲集來	常隨毘盧遮那佛
어 차 법 회 운 집 래	상 수 비 로 자 나 불
於蓮華藏世界海	造化莊嚴大法輪
어 연 화 장 세 계 해	조 화 장 엄 대 법 륜
十方虛空諸世界	亦復如是常說法
시 방 허 공 제 세 계	역 부 여 시 상 설 법
六六六四及與三	一十一一亦復一
육 육 육 사 급 여 삼	일 십 일 일 역 부 일
世主妙嚴如來相	普賢三昧世界成
세 주 묘 엄 여 래 상	보 현 삼 매 세 계 성
華藏世界盧舍那	如來名號四聖諦
화 장 세 계 노 사 나	여 래 명 호 사 성 제
光明覺品問明品	淨行賢首須彌頂
광 명 각 품 문 명 품	정 행 현 수 수 미 정

須彌頂上偈讚品　菩薩十住梵行品
수 미 정 상 게 찬 품　보 살 십 주 범 행 품

發心功德明法品　佛昇夜摩天宮品
발 심 공 덕 명 법 품　불 승 야 마 천 궁 품

夜摩天宮偈讚品　十行品與無盡藏
야 마 천 궁 게 찬 품　십 행 품 여 무 진 장

佛昇兜率天宮品　兜率天宮偈讚品
불 승 도 솔 천 궁 품　도 솔 천 궁 게 찬 품

十回向及十地品　十定十通十忍品
십 회 향 급 십 지 품　십 정 십 통 십 인 품

阿僧祇品與壽量　菩薩住處佛不思
아 승 지 품 여 수 량　보 살 주 처 불 부 사

如來十身相海品　如來隨好功德品
여 래 십 신 상 해 품　여 래 수 호 공 덕 품

普賢行及如來出　離世間品入法界
보 현 행 급 여 래 출　이 세 간 품 입 법 계

是爲十萬偈頌經　三十九品圓滿敎
시 위 십 만 게 송 경　삼 십 구 품 원 만 교

諷誦此經信受持　初發心時便正覺
풍 송 차 경 신 수 지　초 발 심 시 변 정 각

安坐如是國土海　是名毘盧遮那佛
안 좌 여 시 국 토 해　시 명 비 로 자 나 불

화엄경 약찬게

크고넓고 방정하온 부처님의 화엄경을

용수보살 게송으로 간략하게 엮으셨네.

아름다운 연꽃으로 가꾸어진 화장세계

비로자나 부처님의 진실하온 법신불과

현재에도 설법하는 노사나불 보신불과

사바세계 교주이신 석가모니 화신불과

과거현재 미래세상 모든여래 모든성자

두손모아 마음모아 지성으로 귀의하니

근본적인 화엄교설 법의바퀴 굴리심은

해인삼매 평화롭고 드넓으신 힘이어라.

보현보살 모든대중 하나하나 열거하면

금강저를 손에드신 집금강신 신중신과

만족하고 실천하는 족행신과 도량신과
성과땅을 주관하는 주성신과 주지신과
산과숲을 주관하는 주산신과 주림신과
약과곡식 주관하는 주약신과 주가신과
하천바다 주관하는 주하신과 주해신과
물과불을 주관하는 주수신과 주화신과
바람허공 주관하는 주풍신과 주공신과
밤과방향 주관하는 주방신과 주야신과
낮을맡은 주주신과 다툼의신 아수라와
용의천적 가루라왕 노래의신 긴나라와
음악의신 마후라가 흡혈귀인 야차왕과
여러모든 용왕들과 정기먹는 구반다와
가무의신 건달바왕 밤밝히는 달의천자
낮밝히는 해의천자 도리천왕 함께하고
야마천왕 도솔천왕 화락천왕 타화천왕
대범천왕 광음천왕 변정천왕 광과천왕
색계천의 대자재왕 헤아릴수 없으시네.

보현문수 법혜보살 공덕보살 금강당과
금강장과 금강혜와 광염당과 수미당과
대덕성문 사리자와 해각비구 함께하고
우바새와 우바이와 선재동자 동남동녀
그숫자가 한량없어 말로할수 없음이라.
선재동자 남순할제 선지식이 쉰셋이라.
처음으로 찾아뵌분 문수사리 보살이요
덕운비구 해운비구 선주비구 미가장자
해탈장자 해당비구 휴사우바 비목구사
승열바라 자행동녀 선견비구 자재동자
구족우바 명지거사 법보계장 보안장자
무염족왕 대광왕자 부동우바 변행외도
우바라화 장자인과 바시라선 무상승자
사자빈신 비구니와 바수밀과 비슬지라
관자재존 정취보살 대천신과 안주지신
바산바연 주야신과 보덕정광 주야신과
희목관찰 중생야신 보구중생 묘덕야신

적정음해 주야신과 수호일체 주야신과

개부수화 주야신과 대원정진 역구호신

묘덕원만 주야신과 구바여인 마야부인

천주광녀 변우동자 중예각자 현승우바

현승견고 해탈자와 묘월장자 무승군자

최적정의 바라문과 덕생동자 유덕동녀

미륵보살 문수보살 보현보살 티끌처럼

많은대중 화엄법회 구름처럼 모여와서

비로자나 부처님을 언제든지 모시면서

연꽃으로 가꾸어진 연화장의 세계바다

대법륜을 굴리면서 조화롭게 장엄하고

시방세계 허공세계 한량없는 모든세계

또한다시 이와같이 영원토록 설법하니

여섯여섯 여섯품과 네품다시 세개품과

한품열품 한품과 한품또한 한품이라.

세주묘엄 여래현상 보현삼매 세계성취

화장세계 비로자나 여래명호 사성제품

광명각품 보살문명 정행품과 현수품과

불승수미 산정품과 수미정상 게찬품과

보살십주 범행품과 발심공덕 명법품과

불승야마 천궁품과 야마천궁 게찬품과

십행품과 무진장품 불승도솔 천궁품과

도솔천궁 게찬품과 십회향품 십지품과

십정십통 십인품과 아승지품 여래수량

보살주처 부사의법 여래십신 상해품과

여래수호 공덕품과 보현행품 여래출현

이세간품 입법계품 칠처구회 설해지니

이것바로 십만게송 화엄경의 내용이요

삼십구품 원만하니 일승원교 교설이라.

외우고서 경전말씀 믿으면서 수지하면

처음으로 발심할때 그대로가 정각이니

이와같은 화엄바다 연화세계 안좌하면

그이름이 다름아닌 비로자나 부처로다.

華嚴經 略纂偈
화 엄 경 약 찬 게

大方廣佛華嚴經　龍樹菩薩略纂偈
대 방 광 불 화 엄 경　용 수 보 살 약 찬 게

南無華藏世界海　毘盧遮那眞法身
나 무 화 장 세 계 해　비 로 자 나 진 법 신

現在說法盧舍那　釋迦牟尼諸如來
현 재 설 법 노 사 나　석 가 모 니 제 여 래

過去現在未來世　十方一切諸大聖
과 거 현 재 미 래 세　시 방 일 체 제 대 성

根本華嚴轉法輪　海印三昧勢力故
근 본 화 엄 전 법 륜　해 인 삼 매 세 력 고

普賢菩薩諸大衆　執金剛神身衆神
보 현 보 살 제 대 중　집 금 강 신 신 중 신

足行神衆道場神　主城神衆主地神
족 행 신 중 도 량 신　주 성 신 중 주 지 신

主山神衆主林神　主藥神衆主稼神
주 산 신 중 주 림 신　주 약 신 중 주 가 신

主河神衆主海神
주 하 신 중 주 해 신

主水神衆主火神
주 수 신 중 주 화 신

主風神衆主空神
주 풍 신 중 주 공 신

主方神衆主夜神
주 방 신 중 주 야 신

主晝神衆阿修羅
주 주 신 중 아 수 라

迦樓羅王緊那羅
가 루 라 왕 긴 나 라

摩睺羅伽夜叉王
마 후 라 가 야 차 왕

諸大龍王鳩槃茶
제 대 용 왕 구 반 다

乾闥婆王月天子
건 달 바 왕 월 천 자

日天子衆忉利天
일 천 자 중 도 리 천

夜摩天王兜率天
야 마 천 왕 도 솔 천

化樂天王他化天
화 락 천 왕 타 화 천

大梵天王光音天
대 범 천 왕 광 음 천

遍淨天王廣果天
변 정 천 왕 광 과 천

大自在王不可說
대 자 재 왕 불 가 설

普賢文殊大菩薩
보 현 문 수 대 보 살

法慧功德金剛幢
법 혜 공 덕 금 강 당

金剛藏及金剛慧
금 강 장 급 금 강 혜

光焰幢及須彌幢
광 염 당 급 수 미 당

大德聲聞舍利子
대 덕 성 문 사 리 자

及與比丘海覺等
급 여 비 구 해 각 등

優婆塞長優婆夷
우 바 새 장 우 바 이

善財童子童男女
선 재 동 자 동 남 녀

其數無量不可說
기 수 무 량 불 가 설

善財童子善知識	文殊舍利最第一
선 재 동 자 선 지 식	문 수 사 리 최 제 일
德雲海雲善住僧	彌伽解脫與海幢
덕 운 해 운 선 주 승	미 가 해 탈 여 해 당
休舍毘目瞿沙仙	勝熱婆羅慈行女
휴 사 비 목 구 사 선	승 열 바 라 자 행 녀
善見自在主童子	具足優婆明智士
선 견 자 재 주 동 자	구 족 우 바 명 지 사
法寶髻長與普眼	無厭足王大光王
법 보 계 장 여 보 안	무 염 족 왕 대 광 왕
不動優婆遍行外	優婆羅華長者人
부 동 우 바 변 행 외	우 바 라 화 장 자 인
婆施羅船無上勝	獅子嚬伸婆須密
바 시 라 선 무 상 승	사 자 빈 신 바 수 밀
毘瑟祇羅居士人	觀自在尊與正趣
비 슬 지 라 거 사 인	관 자 재 존 여 정 취
大天安住主地神	婆珊婆演主夜神
대 천 안 주 주 지 신	바 산 바 연 주 야 신
普德淨光主夜神	喜目觀察眾生神
보 덕 정 광 주 야 신	희 목 관 찰 중 생 신
普救眾生妙德神	寂淨音海主夜神
보 구 중 생 묘 덕 신	적 정 음 해 주 야 신
守護一切主夜神	開敷樹華主夜神
수 호 일 체 주 야 신	개 부 수 화 주 야 신

大願精進力救護　妙德圓滿瞿婆女
대 원 정 진 력 구 호　묘 덕 원 만 구 바 녀

摩耶夫人天主光　遍友童子衆藝覺
마 야 부 인 천 주 광　변 우 동 자 중 예 각

賢勝堅固解脫長　妙月長者無勝軍
현 승 견 고 해 탈 장　묘 월 장 자 무 승 군

最寂靜婆羅門者　德生童子有德女
최 적 정 바 라 문 자　덕 생 동 자 유 덕 녀

彌勒菩薩文殊等　普賢菩薩微塵衆
미 륵 보 살 문 수 등　보 현 보 살 미 진 중

於此法會雲集來　常隨毘盧遮那佛
어 차 법 회 운 집 래　상 수 비 로 자 나 불

於蓮華藏世界海　造化莊嚴大法輪
어 연 화 장 세 계 해　조 화 장 엄 대 법 륜

十方虛空諸世界　亦復如是常說法
시 방 허 공 제 세 계　역 부 여 시 상 설 법

六六六四及與三　一十一一亦復一
육 육 육 사 급 여 삼　일 십 일 일 역 부 일

世主妙嚴如來相　普賢三昧世界成
세 주 묘 엄 여 래 상　보 현 삼 매 세 계 성

華藏世界盧舍那　如來名號四聖諦
화 장 세 계 노 사 나　여 래 명 호 사 성 제

光明覺品問明品　淨行賢首須彌頂
광 명 각 품 문 명 품　정 행 현 수 수 미 정

須彌頂上偈讚品	菩薩十住梵行品
수 미 정 상 게 찬 품	보 살 십 주 범 행 품
發心功德明法品	佛昇夜摩天宮品
발 심 공 덕 명 법 품	불 승 야 마 천 궁 품
夜摩天宮偈讚品	十行品與無盡藏
야 마 천 궁 게 찬 품	십 행 품 여 무 진 장
佛昇兜率天宮品	兜率天宮偈讚品
불 승 도 솔 천 궁 품	도 솔 천 궁 게 찬 품
十回向及十地品	十定十通十忍品
십 회 향 급 십 지 품	십 정 십 통 십 인 품
阿僧祇品與壽量	菩薩住處佛不思
아 승 지 품 여 수 량	보 살 주 처 불 부 사
如來十身相海品	如來隨好功德品
여 래 십 신 상 해 품	여 래 수 호 공 덕 품
普賢行及如來出	離世間品入法界
보 현 행 급 여 래 출	이 세 간 품 입 법 계
是爲十萬偈頌經	三十九品圓滿敎
시 위 십 만 게 송 경	삼 십 구 품 원 만 교
諷誦此經信受持	初發心時便正覺
풍 송 차 경 신 수 지	초 발 심 시 변 정 각
安坐如是國土海	是名毘盧遮那佛
안 좌 여 시 국 토 해	시 명 비 로 자 나 불

화엄경 약찬게

크고넓고 방정하온 부처님의 화엄경을

용수보살 게송으로 간략하게 엮으셨네.

아름다운 연꽃으로 가꾸어진 화장세계

비로자나 부처님의 진실하온 법신불과

현재에도 설법하는 노사나불 보신불과

사바세계 교주이신 석가모니 화신불과

과거현재 미래세상 모든여래 모든성자

두손모아 마음모아 지성으로 귀의하니

근본적인 화엄교설 법의바퀴 굴리심은

해인삼매 평화롭고 드넓으신 힘이어라.

보현보살 모든대중 하나하나 열거하면

금강저를 손에드신 집금강신 신중신과

만족하고 실천하는 족행신과 도량신과

성과땅을 주관하는 주성신과 주지신과

산과숲을 주관하는 주산신과 주림신과

약과곡식 주관하는 주약신과 주가신과

하천바다 주관하는 주하신과 주해신과

물과불을 주관하는 주수신과 주화신과

바람허공 주관하는 주풍신과 주공신과

밤과방향 주관하는 주방신과 주야신과

낮을맡은 주주신과 다툼의신 아수라와

용의천적 가루라왕 노래의신 긴나라와

음악의신 마후라가 흡혈귀인 야차왕과

여러모든 용왕들과 정기먹는 구반다와

가무의신 건달바왕 밤밝히는 달의천자

낮밝히는 해의천자 도리천왕 함께하고

야마천왕 도솔천왕 화락천왕 타화천왕

대범천왕 광음천왕 변정천왕 광과천왕

색계천의 대자재왕 헤아릴수 없으시네.

보현문수 법혜보살 공덕보살 금강당과

금강장과 금강혜와 광염당과 수미당과

대덕성문 사리자와 해각비구 함께하고

우바새와 우바이와 선재동자 동남동녀

그 숫자가 한량없어 말로할수 없음이라.

선재동자 남순할제 선지식이 쉰셋이라.

처음으로 찾아뵌분 문수사리 보살이요

덕운비구 해운비구 선주비구 미가장자

해탈장자 해당비구 휴사우바 비목구사

승열바라 자행동녀 선견비구 자재동자

구족우바 명지거사 법보계장 보안장자

무염족왕 대광왕자 부동우바 변행외도

우바라화 장자인과 바시라선 무상승자

사자빈신 비구니와 바수밀과 비슬지라

관자재존 정취보살 대천신과 안주지신

바산바연 주야신과 보덕정광 주야신과

희목관찰 중생야신 보구중생 묘덕야신

적정음해 주야신과 수호일체 주야신과
개부수화 주야신과 대원정진 역구호신
묘덕원만 주야신과 구바여인 마야부인
천주광녀 변우동자 중예각자 현승우바
현승견고 해탈자와 묘월장자 무승군자
최적정의 바라문과 덕생동자 유덕동녀
미륵보살 문수보살 보현보살 티끌처럼
많은대중 화엄법회 구름처럼 모여와서
비로자나 부처님을 언제든지 모시면서
연꽃으로 가꾸어진 연화장의 세계바다
대법륜을 굴리면서 조화롭게 장엄하고
시방세계 허공세계 한량없는 모든세계
또한다시 이와같이 영원토록 설법하니
여섯여섯 여섯품과 네품다시 세개품과
한품열품 한품과 한품또한 한품이라.
세주묘엄 여래현상 보현삼매 세계성취
화장세계 비로자나 여래명호 사성제품

광명각품 보살문명 정행품과 현수품과

불승수미 산정품과 수미정상 게찬품과

보살십주 범행품과 발심공덕 명법품과

불승야마 천궁품과 야마천궁 게찬품과

십행품과 무진장품 불승도솔 천궁품과

도솔천궁 게찬품과 십회향품 십지품과

십정십통 십인품과 아승지품 여래수량

보살주처 부사의법 여래십신 상해품과

여래수호 공덕품과 보현행품 여래출현

이세간품 입법계품 칠처구회 설해지니

이것바로 십만게송 화엄경의 내용이요

삼십구품 원만하니 일승원교 교설이라.

외우고서 경전말씀 믿으면서 수지하면

처음으로 발심할때 그대로가 정각이니

이와같은 화엄바다 연화세계 안좌하면

그이름이 다름아닌 비로자나 부처로다.

華嚴經　略纂偈
화 엄 경　약 찬 게

大方廣佛華嚴經	龍樹菩薩略纂偈
대 방 광 불 화 엄 경	용 수 보 살 약 찬 게
南無華藏世界海	毘盧遮那眞法身
나 무 화 장 세 계 해	비 로 자 나 진 법 신
現在說法盧舍那	釋迦牟尼諸如來
현 재 설 법 노 사 나	석 가 모 니 제 여 래
過去現在未來世	十方一切諸大聖
과 거 현 재 미 래 세	시 방 일 체 제 대 성
根本華嚴轉法輪	海印三昧勢力故
근 본 화 엄 전 법 륜	해 인 삼 매 세 력 고
普賢菩薩諸大衆	執金剛神身衆神
보 현 보 살 제 대 중	집 금 강 신 신 중 신
足行神衆道場神	主城神衆主地神
족 행 신 중 도 량 신	주 성 신 중 주 지 신
主山神衆主林神	主藥神衆主稼神
주 산 신 중 주 림 신	주 약 신 중 주 가 신

主河神衆主海神　　主水神衆主火神
주 하 신 중 주 해 신　　주 수 신 중 주 화 신

主風神衆主空神　　主方神衆主夜神
주 풍 신 중 주 공 신　　주 방 신 중 주 야 신

主晝神衆阿修羅　　迦樓羅王緊那羅
주 주 신 중 아 수 라　　가 루 라 왕 긴 나 라

摩睺羅伽夜叉王　　諸大龍王鳩槃茶
마 후 라 가 야 차 왕　　제 대 용 왕 구 반 다

乾闥婆王月天子　　日天子衆忉利天
건 달 바 왕 월 천 자　　일 천 자 중 도 리 천

夜摩天王兜率天　　化樂天王他化天
야 마 천 왕 도 솔 천　　화 락 천 왕 타 화 천

大梵天王光音天　　遍淨天王廣果天
대 범 천 왕 광 음 천　　변 정 천 왕 광 과 천

大自在王不可說　　普賢文殊大菩薩
대 자 재 왕 불 가 설　　보 현 문 수 대 보 살

法慧功德金剛幢　　金剛藏及金剛慧
법 혜 공 덕 금 강 당　　금 강 장 급 금 강 혜

光焰幢及須彌幢　　大德聲聞舍利子
광 염 당 급 수 미 당　　대 덕 성 문 사 리 자

及與比丘海覺等　　優婆塞長優婆夷
급 여 비 구 해 각 등　　우 바 새 장 우 바 이

善財童子童男女　　其數無量不可說
선 재 동 자 동 남 녀　　기 수 무 량 불 가 설

善財童子善知識 선 재 동 자 선 지 식	文殊舍利最第一 문 수 사 리 최 제 일
德雲海雲善住僧 덕 운 해 운 선 주 승	彌伽解脫與海幢 미 가 해 탈 여 해 당
休舍毘目瞿沙仙 휴 사 비 목 구 사 선	勝熱婆羅慈行女 승 열 바 라 자 행 녀
善見自在主童子 선 견 자 재 주 동 자	具足優婆明智士 구 족 우 바 명 지 사
法寶髻長與普眼 법 보 계 장 여 보 안	無厭足王大光王 무 염 족 왕 대 광 왕
不動優婆遍行外 부 동 우 바 변 행 외	優婆羅華長者人 우 바 라 화 장 자 인
婆施羅船無上勝 바 시 라 선 무 상 승	獅子嚬伸婆須密 사 자 빈 신 바 수 밀
毘瑟祇羅居士人 비 슬 지 라 거 사 인	觀自在尊與正趣 관 자 재 존 여 정 취
大天安住主地神 대 천 안 주 주 지 신	婆珊婆演主夜神 바 산 바 연 주 야 신
普德淨光主夜神 보 덕 정 광 주 야 신	喜目觀察衆生神 희 목 관 찰 중 생 신
普救衆生妙德神 보 구 중 생 묘 덕 신	寂淨音海主夜神 적 정 음 해 주 야 신
守護一切主夜神 수 호 일 체 주 야 신	開敷樹華主夜神 개 부 수 화 주 야 신

大願精進力救護　妙德圓滿瞿婆女
대 원 정 진 력 구 호　묘 덕 원 만 구 바 녀

摩耶夫人天主光　遍友童子衆藝覺
마 야 부 인 천 주 광　변 우 동 자 중 예 각

賢勝堅固解脫長　妙月長者無勝軍
현 승 견 고 해 탈 장　묘 월 장 자 무 승 군

最寂靜婆羅門者　德生童子有德女
최 적 정 바 라 문 자　덕 생 동 자 유 덕 녀

彌勒菩薩文殊等　普賢菩薩微塵衆
미 륵 보 살 문 수 등　보 현 보 살 미 진 중

於此法會雲集來　常隨毘盧遮那佛
어 차 법 회 운 집 래　상 수 비 로 자 나 불

於蓮華藏世界海　造化莊嚴大法輪
어 연 화 장 세 계 해　조 화 장 엄 대 법 륜

十方虛空諸世界　亦復如是常說法
시 방 허 공 제 세 계　역 부 여 시 상 설 법

六六六四及與三　一十一一亦復一
육 육 육 사 급 여 삼　일 십 일 일 역 부 일

世主妙嚴如來相　普賢三昧世界成
세 주 묘 엄 여 래 상　보 현 삼 매 세 계 성

華藏世界盧舍那　如來名號四聖諦
화 장 세 계 노 사 나　여 래 명 호 사 성 제

光明覺品問明品　淨行賢首須彌頂
광 명 각 품 문 명 품　정 행 현 수 수 미 정

須彌頂上偈讚品　菩薩十住梵行品
수 미 정 상 게 찬 품　보 살 십 주 범 행 품

發心功德明法品　佛昇夜摩天宮品
발 심 공 덕 명 법 품　불 승 야 마 천 궁 품

夜摩天宮偈讚品　十行品與無盡藏
야 마 천 궁 게 찬 품　십 행 품 여 무 진 장

佛昇兜率天宮品　兜率天宮偈讚品
불 승 도 솔 천 궁 품　도 솔 천 궁 게 찬 품

十回向及十地品　十定十通十忍品
십 회 향 급 십 지 품　십 정 십 통 십 인 품

阿僧祇品與壽量　菩薩住處佛不思
아 승 지 품 여 수 량　보 살 주 처 불 부 사

如來十身相海品　如來隨好功德品
여 래 십 신 상 해 품　여 래 수 호 공 덕 품

普賢行及如來出　離世間品入法界
보 현 행 급 여 래 출　이 세 간 품 입 법 계

是爲十萬偈頌經　三十九品圓滿敎
시 위 십 만 게 송 경　삼 십 구 품 원 만 교

諷誦此經信受持　初發心時便正覺
풍 송 차 경 신 수 지　초 발 심 시 변 정 각

安坐如是國土海　是名毘盧遮那佛
안 좌 여 시 국 토 해　시 명 비 로 자 나 불

화엄경 약찬게

81

화엄경 약찬게

크고넓고 방정하온 부처님의 화엄경을

용수보살 게송으로 간략하게 엮으셨네.

아름다운 연꽃으로 가꾸어진 화장세계

비로자나 부처님의 진실하온 법신불과

현재에도 설법하는 노사나불 보신불과

사바세계 교주이신 석가모니 화신불과

과거현재 미래세상 모든여래 모든성자

두손모아 마음모아 지성으로 귀의하니

근본적인 화엄교설 법의바퀴 굴리심은

해인삼매 평화롭고 드넓으신 힘이어라.

보현보살 모든대중 하나하나 열거하면

금강저를 손에드신 집금강신 신중신과

만족하고 실천하는 족행신과 도량신과

성과땅을 주관하는 주성신과 주지신과

산과숲을 주관하는 주산신과 주림신과

약과곡식 주관하는 주약신과 주가신과

하천바다 주관하는 주하신과 주해신과

물과불을 주관하는 주수신과 주화신과

바람허공 주관하는 주풍신과 주공신과

밤과방향 주관하는 주방신과 주야신과

낮을맡은 주주신과 다툼의신 아수라와

용의천적 가루라왕 노래의신 긴나라와

음악의신 마후라가 흡혈귀인 야차왕과

여러모든 용왕들과 정기먹는 구반다와

가무의신 건달바왕 밤밝히는 달의천자

낮밝히는 해의천자 도리천왕 함께하고

야마천왕 도솔천왕 화락천왕 타화천왕

대범천왕 광음천왕 변정천왕 광과천왕

색계천의 대자재왕 헤아릴수 없으시네.

보현문수 법혜보살 공덕보살 금강당과

금강장과 금강혜와 광염당과 수미당과

대덕성문 사리자와 해각비구 함께하고

우바새와 우바이와 선재동자 동남동녀

그 숫자가 한량없어 말로할수 없음이라.

선재동자 남순할제 선지식이 쉰셋이라.

처음으로 찾아뵌분 문수사리 보살이요

덕운비구 해운비구 선주비구 미가장자

해탈장자 해당비구 휴사우바 비목구사

승열바라 자행동녀 선견비구 자재동자

구족우바 명지거사 법보계장 보안장자

무염족왕 대광왕자 부동우바 변행외도

우바라화 장자인과 바시라선 무상승자

사자빈신 비구니와 바수밀과 비슬지라

관자재존 정취보살 대천신과 안주지신

바산바연 주야신과 보덕정광 주야신과

희목관찰 중생야신 보구중생 묘덕야신

적정음해 주야신과 수호일체 주야신과

개부수화 주야신과 대원정진 역구호신

묘덕원만 주야신과 구바여인 마야부인

천주광녀 변우동자 중예각자 현승우바

현승견고 해탈자와 묘월장자 무승군자

최적정의 바라문과 덕생동자 유덕동녀

미륵보살 문수보살 보현보살 티끌처럼

많은대중 화엄법회 구름처럼 모여와서

비로자나 부처님을 언제든지 모시면서

연꽃으로 가꾸어진 연화장의 세계바다

대법륜을 굴리면서 조화롭게 장엄하고

시방세계 허공세계 한량없는 모든세계

또한다시 이와같이 영원토록 설법하니

여섯여섯 여섯품과 네품다시 세개품과

한품열품 한품과 한품또한 한품이라.

세주묘엄 여래현상 보현삼매 세계성취

화장세계 비로자나 여래명호 사성제품

광명각품 보살문명 정행품과 현수품과

불승수미 산정품과 수미정상 게찬품과

보살십주 범행품과 발심공덕 명법품과

불승야마 천궁품과 야마천궁 게찬품과

십행품과 무진장품 불승도솔 천궁품과

도솔천궁 게찬품과 십회향품 십지품과

십정십통 십인품과 아승지품 여래수량

보살주처 부사의법 여래십신 상해품과

여래수호 공덕품과 보현행품 여래출현

이세간품 입법계품 칠처구회 설해지니

이것바로 십만게송 화엄경의 내용이요

삼십구품 원만하니 일승원교 교설이라.

외우고서 경전말씀 믿으면서 수지하면

처음으로 발심할때 그대로가 정각이니

이와같은 화엄바다 연화세계 안좌하면

그이름이 다름아닌 비로자나 부처로다.

華嚴經　略纂偈
화엄경　약찬게

大方廣佛華嚴經　龍樹菩薩略纂偈
대 방 광 불 화 엄 경　용 수 보 살 약 찬 게

南無華藏世界海　毘盧遮那眞法身
나 무 화 장 세 계 해　비 로 자 나 진 법 신

現在說法盧舍那　釋迦牟尼諸如來
현 재 설 법 노 사 나　석 가 모 니 제 여 래

過去現在未來世　十方一切諸大聖
과 거 현 재 미 래 세　시 방 일 체 제 대 성

根本華嚴轉法輪　海印三昧勢力故
근 본 화 엄 전 법 륜　해 인 삼 매 세 력 고

普賢菩薩諸大衆　執金剛神身衆神
보 현 보 살 제 대 중　집 금 강 신 신 중 신

足行神衆道場神　主城神衆主地神
족 행 신 중 도 량 신　주 성 신 중 주 지 신

主山神衆主林神　主藥神衆主稼神
주 산 신 중 주 림 신　주 약 신 중 주 가 신

主河神衆主海神　　主水神衆主火神
주 하 신 중 주 해 신　　주 수 신 중 주 화 신

主風神衆主空神　　主方神衆主夜神
주 풍 신 중 주 공 신　　주 방 신 중 주 야 신

主晝神衆阿修羅　　迦樓羅王緊那羅
주 주 신 중 아 수 라　　가 루 라 왕 긴 나 라

摩睺羅伽夜叉王　　諸大龍王鳩槃茶
마 후 라 가 야 차 왕　　제 대 용 왕 구 반 다

乾闥婆王月天子　　日天子衆忉利天
건 달 바 왕 월 천 자　　일 천 자 중 도 리 천

夜摩天王兜率天　　化樂天王他化天
야 마 천 왕 도 솔 천　　화 락 천 왕 타 화 천

大梵天王光音天　　遍淨天王廣果天
대 범 천 왕 광 음 천　　변 정 천 왕 광 과 천

大自在王不可說　　普賢文殊大菩薩
대 자 재 왕 불 가 설　　보 현 문 수 대 보 살

法慧功德金剛幢　　金剛藏及金剛慧
법 혜 공 덕 금 강 당　　금 강 장 급 금 강 혜

光焰幢及須彌幢　　大德聲聞舍利子
광 염 당 급 수 미 당　　대 덕 성 문 사 리 자

及與比丘海覺等　　優婆塞長優婆夷
급 여 비 구 해 각 등　　우 바 새 장 우 바 이

善財童子童男女　　其數無量不可說
선 재 동 자 동 남 녀　　기 수 무 량 불 가 설

善財童子善知識　文殊舍利最第一
선 재 동 자 선 지 식　문 수 사 리 최 제 일

德雲海雲善住僧　彌伽解脫與海幢
덕 운 해 운 선 주 승　미 가 해 탈 여 해 당

休舍毘目瞿沙仙　勝熱婆羅慈行女
휴 사 비 목 구 사 선　승 열 바 라 자 행 녀

善見自在主童子　具足優婆明智士
선 견 자 재 주 동 자　구 족 우 바 명 지 사

法寶髻長與普眼　無厭足王大光王
법 보 계 장 여 보 안　무 염 족 왕 대 광 왕

不動優婆遍行外　優婆羅華長者人
부 동 우 바 변 행 외　우 바 라 화 장 자 인

婆施羅船無上勝　獅子嚬伸婆須密
바 시 라 선 무 상 승　사 자 빈 신 바 수 밀

毘瑟祇羅居士人　觀自在尊與正趣
비 슬 지 라 거 사 인　관 자 재 존 여 정 취

大天安住主地神　婆珊婆演主夜神
대 천 안 주 주 지 신　바 산 바 연 주 야 신

普德淨光主夜神　喜目觀察衆生神
보 덕 정 광 주 야 신　희 목 관 찰 중 생 신

普救衆生妙德神　寂淨音海主夜神
보 구 중 생 묘 덕 신　적 정 음 해 주 야 신

守護一切主夜神　開敷樹華主夜神
수 호 일 체 주 야 신　개 부 수 화 주 야 신

大願精進力救護　妙德圓滿瞿婆女
대 원 정 진 력 구 호　묘 덕 원 만 구 바 녀

摩耶夫人天主光　遍友童子衆藝覺
마 야 부 인 천 주 광　변 우 동 자 중 예 각

賢勝堅固解脫長　妙月長者無勝軍
현 승 견 고 해 탈 장　묘 월 장 자 무 승 군

最寂靜婆羅門者　德生童子有德女
최 적 정 바 라 문 자　덕 생 동 자 유 덕 녀

彌勒菩薩文殊等　普賢菩薩微塵衆
미 륵 보 살 문 수 등　보 현 보 살 미 진 중

於此法會雲集來　常隨毘盧遮那佛
어 차 법 회 운 집 래　상 수 비 로 자 나 불

於蓮華藏世界海　造化莊嚴大法輪
어 연 화 장 세 계 해　조 화 장 엄 대 법 륜

十方虛空諸世界　亦復如是常說法
시 방 허 공 제 세 계　역 부 여 시 상 설 법

六六六四及與三　一十一一亦復一
육 육 육 사 급 여 삼　일 십 일 일 역 부 일

世主妙嚴如來相　普賢三昧世界成
세 주 묘 엄 여 래 상　보 현 삼 매 세 계 성

華藏世界盧舍那　如來名號四聖諦
화 장 세 계 노 사 나　여 래 명 호 사 성 제

光明覺品問明品　淨行賢首須彌頂
광 명 각 품 문 명 품　정 행 현 수 수 미 정

須彌頂上偈讚品　菩薩十住梵行品
수 미 정 상 게 찬 품　보 살 십 주 범 행 품

發心功德明法品　佛昇夜摩天宮品
발 심 공 덕 명 법 품　불 승 야 마 천 궁 품

夜摩天宮偈讚品　十行品與無盡藏
야 마 천 궁 게 찬 품　십 행 품 여 무 진 장

佛昇兜率天宮品　兜率天宮偈讚品
불 승 도 솔 천 궁 품　도 솔 천 궁 게 찬 품

十回向及十地品　十定十通十忍品
십 회 향 급 십 지 품　십 정 십 통 십 인 품

阿僧祇品與壽量　菩薩住處佛不思
아 승 지 품 여 수 량　보 살 주 처 불 부 사

如來十身相海品　如來隨好功德品
여 래 십 신 상 해 품　여 래 수 호 공 덕 품

普賢行及如來出　離世間品入法界
보 현 행 급 여 래 출　이 세 간 품 입 법 계

是爲十萬偈頌經　三十九品圓滿敎
시 위 십 만 게 송 경　삼 십 구 품 원 만 교

諷誦此經信受持　初發心時便正覺
풍 송 차 경 신 수 지　초 발 심 시 변 정 각

安坐如是國土海　是名毗盧遮那佛
안 좌 여 시 국 토 해　시 명 비 로 자 나 불

화엄경 약찬게

크고넓고 방정하온 부처님의 화엄경을

용수보살 게송으로 간략하게 엮으셨네.

아름다운 연꽃으로 가꾸어진 화장세계

비로자나 부처님의 진실하온 법신불과

현재에도 설법하는 노사나불 보신불과

사바세계 교주이신 석가모니 화신불과

과거현재 미래세상 모든여래 모든성자

두손모아 마음모아 지성으로 귀의하니

근본적인 화엄교설 법의바퀴 굴리심은

해인삼매 평화롭고 드넓으신 힘이어라.

보현보살 모든대중 하나하나 열거하면

금강저를 손에드신 집금강신 신중신과

만족하고 실천하는 족행신과 도량신과

성과땅을 주관하는 주성신과 주지신과

산과숲을 주관하는 주산신과 주림신과

약과곡식 주관하는 주약신과 주가신과

하천바다 주관하는 주하신과 주해신과

물과불을 주관하는 주수신과 주화신과

바람허공 주관하는 주풍신과 주공신과

밤과방향 주관하는 주방신과 주야신과

낮을맡은 주주신과 다툼의신 아수라와

용의천적 가루라왕 노래의신 긴나라와

음악의신 마후라가 흡혈귀인 야차왕과

여러모든 용왕들과 정기먹는 구반다와

가무의신 건달바왕 밤밝히는 달의천자

낮밝히는 해의천자 도리천왕 함께하고

야마천왕 도솔천왕 화락천왕 타화천왕

대범천왕 광음천왕 변정천왕 광과천왕

색계천의 대자재왕 헤아릴수 없으시네.

보현문수 법혜보살 공덕보살 금강당과

금강장과 금강혜와 광염당과 수미당과

대덕성문 사리자와 해각비구 함께하고

우바새와 우바이와 선재동자 동남동녀

그 숫자가 한량없어 말로할수 없음이라.

선재동자 남순할제 선지식이 쉰셋이라.

처음으로 찾아뵌분 문수사리 보살이요

덕운비구 해운비구 선주비구 미가장자

해탈장자 해당비구 휴사우바 비목구사

승열바라 자행동녀 선견비구 자재동자

구족우바 명지거사 법보계장 보안장자

무염족왕 대광왕자 부동우바 변행외도

우바라화 장자인과 바시라선 무상승자

사자빈신 비구니와 바수밀과 비슬지라

관자재존 정취보살 대천신과 안주지신

바산바연 주야신과 보덕정광 주야신과

희목관찰 중생야신 보구중생 묘덕야신

적정음해 주야신과 수호일체 주야신과
개부수화 주야신과 대원정진 역구호신
묘덕원만 주야신과 구바여인 마야부인
천주광녀 변우동자 중예각자 현승우바
현승견고 해탈자와 묘월장자 무승군자
최적정의 바라문과 덕생동자 유덕동녀
미륵보살 문수보살 보현보살 티끌처럼
많은대중 화엄법회 구름처럼 모여와서
비로자나 부처님을 언제든지 모시면서
연꽃으로 가꾸어진 연화장의 세계바다
대법륜을 굴리면서 조화롭게 장엄하고
시방세계 허공세계 한량없는 모든세계
또한다시 이와같이 영원토록 설법하니
여섯여섯 여섯품과 네품다시 세개품과
한품열품 한품과 한품또한 한품이라.
세주묘엄 여래현상 보현삼매 세계성취
화장세계 비로자나 여래명호 사성제품

광명각품 보살문명 정행품과 현수품과

불승수미 산정품과 수미정상 게찬품과

보살십주 범행품과 발심공덕 명법품과

불승야마 천궁품과 야마천궁 게찬품과

십행품과 무진장품 불승도솔 천궁품과

도솔천궁 게찬품과 십회향품 십지품과

십정십통 십인품과 아승지품 여래수량

보살주처 부사의법 여래십신 상해품과

여래수호 공덕품과 보현행품 여래출현

이세간품 입법계품 칠처구회 설해지니

이것바로 십만게송 화엄경의 내용이요

삼십구품 원만하니 일승원교 교설이라.

외우고서 경전말씀 믿으면서 수지하면

처음으로 발심할때 그대로가 정각이니

이와같은 화엄바다 연화세계 안좌하면

그이름이 다름아닌 비로자나 부처로다.

華嚴經 略纂偈
화 엄 경 약 찬 게

大方廣佛華嚴經	龍樹菩薩略纂偈
대 방 광 불 화 엄 경	용 수 보 살 약 찬 게
南無華藏世界海	毘盧遮那眞法身
나 무 화 장 세 계 해	비 로 자 나 진 법 신
現在說法盧舍那	釋迦牟尼諸如來
현 재 설 법 노 사 나	석 가 모 니 제 여 래
過去現在未來世	十方一切諸大聖
과 거 현 재 미 래 세	시 방 일 체 제 대 성
根本華嚴轉法輪	海印三昧勢力故
근 본 화 엄 전 법 륜	해 인 삼 매 세 력 고
普賢菩薩諸大衆	執金剛神身衆神
보 현 보 살 제 대 중	집 금 강 신 신 중 신
足行神衆道場神	主城神衆主地神
족 행 신 중 도 량 신	주 성 신 중 주 지 신
主山神衆主林神	主藥神衆主稼神
주 산 신 중 주 림 신	주 약 신 중 주 가 신

主河神衆主海神
주 하 신 중 주 해 신

主水神衆主火神
주 수 신 중 주 화 신

主風神衆主空神
주 풍 신 중 주 공 신

主方神衆主夜神
주 방 신 중 주 야 신

主畫神衆阿修羅
주 주 신 중 아 수 라

迦樓羅王緊那羅
가 루 라 왕 긴 나 라

摩睺羅伽夜叉王
마 후 라 가 야 차 왕

諸大龍王鳩槃茶
제 대 용 왕 구 반 다

乾闥婆王月天子
건 달 바 왕 월 천 자

日天子衆忉利天
일 천 자 중 도 리 천

夜摩天王兜率天
야 마 천 왕 도 솔 천

化樂天王他化天
화 락 천 왕 타 화 천

大梵天王光音天
대 범 천 왕 광 음 천

遍淨天王廣果天
변 정 천 왕 광 과 천

大自在王不可說
대 자 재 왕 불 가 설

普賢文殊大菩薩
보 현 문 수 대 보 살

法慧功德金剛幢
법 혜 공 덕 금 강 당

金剛藏及金剛慧
금 강 장 급 금 강 혜

光焰幢及須彌幢
광 염 당 급 수 미 당

大德聲聞舍利子
대 덕 성 문 사 리 자

及與比丘海覺等
급 여 비 구 해 각 등

優婆塞長優婆夷
우 바 새 장 우 바 이

善財童子童男女
선 재 동 자 동 남 녀

其數無量不可說
기 수 무 량 불 가 설

善財童子善知識	文殊舍利最第一
선 재 동 자 선 지 식	문 수 사 리 최 제 일
德雲海雲善住僧	彌伽解脫與海幢
덕 운 해 운 선 주 승	미 가 해 탈 여 해 당
休舍毘目瞿沙仙	勝熱婆羅慈行女
휴 사 비 목 구 사 선	승 열 바 라 자 행 녀
善見自在主童子	具足優婆明智士
선 견 자 재 주 동 자	구 족 우 바 명 지 사
法寶髻長與普眼	無厭足王大光王
법 보 계 장 여 보 안	무 염 족 왕 대 광 왕
不動優婆遍行外	優婆羅華長者人
부 동 우 바 변 행 외	우 바 라 화 장 자 인
婆施羅船無上勝	獅子嚬伸婆須密
바 시 라 선 무 상 승	사 자 빈 신 바 수 밀
毘瑟祇羅居士人	觀自在尊與正趣
비 슬 지 라 거 사 인	관 자 재 존 여 정 취
大天安住主地神	婆珊婆演主夜神
대 천 안 주 주 지 신	바 산 바 연 주 야 신
普德淨光主夜神	喜目觀察衆生神
보 덕 정 광 주 야 신	희 목 관 찰 중 생 신
普救衆生妙德神	寂淨音海主夜神
보 구 중 생 묘 덕 신	적 정 음 해 주 야 신
守護一切主夜神	開敷樹華主夜神
수 호 일 체 주 야 신	개 부 수 화 주 야 신

大願精進力救護　妙德圓滿瞿婆女
대 원 정 진 력 구 호　묘 덕 원 만 구 바 녀

摩耶夫人天主光　遍友童子衆藝覺
마 야 부 인 천 주 광　변 우 동 자 중 예 각

賢勝堅固解脫長　妙月長者無勝軍
현 승 견 고 해 탈 장　묘 월 장 자 무 승 군

最寂靜婆羅門者　德生童子有德女
최 적 정 바 라 문 자　덕 생 동 자 유 덕 녀

彌勒菩薩文殊等　普賢菩薩微塵衆
미 륵 보 살 문 수 등　보 현 보 살 미 진 중

於此法會雲集來　常隨毘盧遮那佛
어 차 법 회 운 집 래　상 수 비 로 자 나 불

於蓮華藏世界海　造化莊嚴大法輪
어 연 화 장 세 계 해　조 화 장 엄 대 법 륜

十方虛空諸世界　亦復如是常說法
시 방 허 공 제 세 계　역 부 여 시 상 설 법

六六六四及與三　一十一一亦復一
육 육 육 사 급 여 삼　일 십 일 일 역 부 일

世主妙嚴如來相　普賢三昧世界成
세 주 묘 엄 여 래 상　보 현 삼 매 세 계 성

華藏世界盧舍那　如來名號四聖諦
화 장 세 계 노 사 나　여 래 명 호 사 성 제

光明覺品問明品　淨行賢首須彌頂
광 명 각 품 문 명 품　정 행 현 수 수 미 정

須彌頂上偈讚品　菩薩十住梵行品
수 미 정 상 게 찬 품　보 살 십 주 범 행 품

發心功德明法品　佛昇夜摩天宮品
발 심 공 덕 명 법 품　불 승 야 마 천 궁 품

夜摩天宮偈讚品　十行品與無盡藏
야 마 천 궁 게 찬 품　십 행 품 여 무 진 장

佛昇兜率天宮品　兜率天宮偈讚品
불 승 도 솔 천 궁 품　도 솔 천 궁 게 찬 품

十回向及十地品　十定十通十忍品
십 회 향 급 십 지 품　십 정 십 통 십 인 품

阿僧祇品與壽量　菩薩住處佛不思
아 승 지 품 여 수 량　보 살 주 처 불 부 사

如來十身相海品　如來隨好功德品
여 래 십 신 상 해 품　여 래 수 호 공 덕 품

普賢行及如來出　離世間品入法界
보 현 행 급 여 래 출　이 세 간 품 입 법 계

是爲十萬偈頌經　三十九品圓滿教
시 위 십 만 게 송 경　삼 십 구 품 원 만 교

諷誦此經信受持　初發心時便正覺
풍 송 차 경 신 수 지　초 발 심 시 변 정 각

安坐如是國土海　是名毘盧遮那佛
안 좌 여 시 국 토 해　시 명 비 로 자 나 불

화엄경 약찬게

크고넓고 방정하온 부처님의 화엄경을

용수보살 게송으로 간략하게 엮으셨네.

아름다운 연꽃으로 가꾸어진 화장세계

비로자나 부처님의 진실하온 법신불과

현재에도 설법하는 노사나불 보신불과

사바세계 교주이신 석가모니 화신불과

과거현재 미래세상 모든여래 모든성자

두손모아 마음모아 지성으로 귀의하니

근본적인 화엄교설 법의바퀴 굴리심은

해인삼매 평화롭고 드넓으신 힘이어라.

보현보살 모든대중 하나하나 열거하면

금강저를 손에드신 집금강신 신중신과

만족하고 실천하는 족행신과 도량신과

성과땅을 주관하는 주성신과 주지신과

산과숲을 주관하는 주산신과 주림신과

약과곡식 주관하는 주약신과 주가신과

하천바다 주관하는 주하신과 주해신과

물과불을 주관하는 주수신과 주화신과

바람허공 주관하는 주풍신과 주공신과

밤과방향 주관하는 주방신과 주야신과

낮을맡은 주주신과 다툼의신 아수라와

용의천적 가루라왕 노래의신 긴나라와

음악의신 마후라가 흡혈귀인 야차왕과

여러모든 용왕들과 정기먹는 구반다와

가무의신 건달바왕 밤밝히는 달의천자

낮밝히는 해의천자 도리천왕 함께하고

야마천왕 도솔천왕 화락천왕 타화천왕

대범천왕 광음천왕 변정천왕 광과천왕

색계천의 대자재왕 헤아릴수 없으시네.

보현문수 법혜보살 공덕보살 금강당과
금강장과 금강혜와 광염당과 수미당과
대덕성문 사리자와 해각비구 함께하고
우바새와 우바이와 선재동자 동남동녀
그숫자가 한량없어 말로할수 없음이라.
선재동자 남순할제 선지식이 쉰셋이라.
처음으로 찾아뵌분 문수사리 보살이요
덕운비구 해운비구 선주비구 미가장자
해탈장자 해당비구 휴사우바 비목구사
승열바라 자행동녀 선견비구 자재동자
구족우바 명지거사 법보계장 보안장자
무염족왕 대광왕자 부동우바 변행외도
우바라화 장자인과 바시라선 무상승자
사자빈신 비구니와 바수밀과 비슬지라
관자재존 정취보살 대천신과 안주지신
바산바연 주야신과 보덕정광 주야신과
희목관찰 중생야신 보구중생 묘덕야신

적정음해 주야신과 수호일체 주야신과
개부수화 주야신과 대원정진 역구호신
묘덕원만 주야신과 구바여인 마야부인
천주광녀 변우동자 중예각자 현승우바
현승견고 해탈자와 묘월장자 무승군자
최적정의 바라문과 덕생동자 유덕동녀
미륵보살 문수보살 보현보살 티끌처럼
많은대중 화엄법회 구름처럼 모여와서
비로자나 부처님을 언제든지 모시면서
연꽃으로 가꾸어진 연화장의 세계바다
대법륜을 굴리면서 조화롭게 장엄하고
시방세계 허공세계 한량없는 모든세계
또한다시 이와같이 영원토록 설법하니
여섯여섯 여섯품과 네품다시 세개품과
한품열품 한품과 한품또한 한품이라.
세주묘엄 여래현상 보현삼매 세계성취
화장세계 비로자나 여래명호 사성제품

광명각품 보살문명 정행품과 현수품과
불승수미 산정품과 수미정상 게찬품과
보살십주 범행품과 발심공덕 명법품과
불승야마 천궁품과 야마천궁 게찬품과
십행품과 무진장품 불승도솔 천궁품과
도솔천궁 게찬품과 십회향품 십지품과
십정십통 십인품과 아승지품 여래수량
보살주처 부사의법 여래십신 상해품과
여래수호 공덕품과 보현행품 여래출현
이세간품 입법계품 칠처구회 설해지니
이것바로 십만게송 화엄경의 내용이요
삼십구품 원만하니 일승원교 교설이라.
외우고서 경전말씀 믿으면서 수지하면
처음으로 발심할때 그대로가 정각이니
이와같은 화엄바다 연화세계 안좌하면
그이름이 다름아닌 비로자나 부처로다.

華嚴經 略纂偈
화 엄 경 약 찬 게

大方廣佛華嚴經	龍樹菩薩略纂偈
대 방 광 불 화 엄 경	용 수 보 살 약 찬 게
南無華藏世界海	毘盧遮那眞法身
나 무 화 장 세 계 해	비 로 자 나 진 법 신
現在說法盧舍那	釋迦牟尼諸如來
현 재 설 법 노 사 나	석 가 모 니 제 여 래
過去現在未來世	十方一切諸大聖
과 거 현 재 미 래 세	시 방 일 체 제 대 성
根本華嚴轉法輪	海印三昧勢力故
근 본 화 엄 전 법 륜	해 인 삼 매 세 력 고
普賢菩薩諸大衆	執金剛神身衆神
보 현 보 살 제 대 중	집 금 강 신 신 중 신
足行神衆道場神	主城神衆主地神
족 행 신 중 도 량 신	주 성 신 중 주 지 신
主山神衆主林神	主藥神衆主稼神
주 산 신 중 주 림 신	주 약 신 중 주 가 신

主河神衆主海神
주 하 신 중 주 해 신

主水神衆主火神
주 수 신 중 주 화 신

主風神衆主空神
주 풍 신 중 주 공 신

主方神衆主夜神
주 방 신 중 주 야 신

主晝神衆阿修羅
주 주 신 중 아 수 라

迦樓羅王緊那羅
가 루 라 왕 긴 나 라

摩睺羅伽夜叉王
마 후 라 가 야 차 왕

諸大龍王鳩槃茶
제 대 용 왕 구 반 다

乾闥婆王月天子
건 달 바 왕 월 천 자

日天子衆忉利天
일 천 자 중 도 리 천

夜摩天王兜率天
야 마 천 왕 도 솔 천

化樂天王他化天
화 락 천 왕 타 화 천

大梵天王光音天
대 범 천 왕 광 음 천

遍淨天王廣果天
변 정 천 왕 광 과 천

大自在王不可說
대 자 재 왕 불 가 설

普賢文殊大菩薩
보 현 문 수 대 보 살

法慧功德金剛幢
법 혜 공 덕 금 강 당

金剛藏及金剛慧
금 강 장 급 금 강 혜

光焰幢及須彌幢
광 염 당 급 수 미 당

大德聲聞舍利子
대 덕 성 문 사 리 자

及與比丘海覺等
급 여 비 구 해 각 등

優婆塞長優婆夷
우 바 새 장 우 바 이

善財童子童男女
선 재 동 자 동 남 녀

其數無量不可說
기 수 무 량 불 가 설

善財童子善知識 文殊舍利最第一
선 재 동 자 선 지 식　문 수 사 리 최 제 일

德雲海雲善住僧 彌伽解脫與海幢
덕 운 해 운 선 주 승　미 가 해 탈 여 해 당

休舍毘目瞿沙仙 勝熱婆羅慈行女
휴 사 비 목 구 사 선　승 열 바 라 자 행 녀

善見自在主童子 具足優婆明智士
선 견 자 재 주 동 자　구 족 우 바 명 지 사

法寶髻長與普眼 無厭足王大光王
법 보 계 장 여 보 안　무 염 족 왕 대 광 왕

不動優婆遍行外 優婆羅華長者人
부 동 우 바 변 행 외　우 바 라 화 장 자 인

婆施羅船無上勝 獅子嚬伸婆須密
바 시 라 선 무 상 승　사 자 빈 신 바 수 밀

毘瑟祇羅居士人 觀自在尊與正趣
비 슬 지 라 거 사 인　관 자 재 존 여 정 취

大天安住主地神 婆珊婆演主夜神
대 천 안 주 주 지 신　바 산 바 연 주 야 신

普德淨光主夜神 喜目觀察衆生神
보 덕 정 광 주 야 신　희 목 관 찰 중 생 신

普救衆生妙德神 寂靜音海主夜神
보 구 중 생 묘 덕 신　적 정 음 해 주 야 신

守護一切主夜神 開敷樹華主夜神
수 호 일 체 주 야 신　개 부 수 화 주 야 신

大願精進力救護	妙德圓滿瞿婆女
대 원 정 진 력 구 호	묘 덕 원 만 구 바 녀
摩耶夫人天主光	遍友童子衆藝覺
마 야 부 인 천 주 광	변 우 동 자 중 예 각
賢勝堅固解脫長	妙月長者無勝軍
현 승 견 고 해 탈 장	묘 월 장 자 무 승 군
最寂靜婆羅門者	德生童子有德女
최 적 정 바 라 문 자	덕 생 동 자 유 덕 녀
彌勒菩薩文殊等	普賢菩薩微塵衆
미 륵 보 살 문 수 등	보 현 보 살 미 진 중
於此法會雲集來	常隨毘盧遮那佛
어 차 법 회 운 집 래	상 수 비 로 자 나 불
於蓮華藏世界海	造化莊嚴大法輪
어 연 화 장 세 계 해	조 화 장 엄 대 법 륜
十方虛空諸世界	亦復如是常說法
시 방 허 공 제 세 계	역 부 여 시 상 설 법
六六六四及與三	一十一一亦復一
육 육 육 사 급 여 삼	일 십 일 일 역 부 일
世主妙嚴如來相	普賢三昧世界成
세 주 묘 엄 여 래 상	보 현 삼 매 세 계 성
華藏世界盧舍那	如來名號四聖諦
화 장 세 계 노 사 나	여 래 명 호 사 성 제
光明覺品問明品	淨行賢首須彌頂
광 명 각 품 문 명 품	정 행 현 수 수 미 정

須彌頂上偈讚品　　菩薩十住梵行品
수 미 정 상 게 찬 품　　보 살 십 주 범 행 품

發心功德明法品　　佛昇夜摩天宮品
발 심 공 덕 명 법 품　　불 승 야 마 천 궁 품

夜摩天宮偈讚品　　十行品與無盡藏
야 마 천 궁 게 찬 품　　십 행 품 여 무 진 장

佛昇兜率天宮品　　兜率天宮偈讚品
불 승 도 솔 천 궁 품　　도 솔 천 궁 게 찬 품

十回向及十地品　　十定十通十忍品
십 회 향 급 십 지 품　　십 정 십 통 십 인 품

阿僧祇品與壽量　　菩薩住處佛不思
아 승 지 품 여 수 량　　보 살 주 처 불 부 사

如來十身相海品　　如來隨好功德品
여 래 십 신 상 해 품　　여 래 수 호 공 덕 품

普賢行及如來出　　離世間品入法界
보 현 행 급 여 래 출　　이 세 간 품 입 법 계

是爲十萬偈頌經　　三十九品圓滿敎
시 위 십 만 게 송 경　　삼 십 구 품 원 만 교

諷誦此經信受持　　初發心時便正覺
풍 송 차 경 신 수 지　　초 발 심 시 변 정 각

安坐如是國土海　　是名毘盧遮那佛
안 좌 여 시 국 토 해　　시 명 비 로 자 나 불

화엄경 약찬게

크고넓고 방정하온 부처님의 화엄경을

용수보살 게송으로 간략하게 엮으셨네.

아름다운 연꽃으로 가꾸어진 화장세계

비로자나 부처님의 진실하온 법신불과

현재에도 설법하는 노사나불 보신불과

사바세계 교주이신 석가모니 화신불과

과거현재 미래세상 모든여래 모든성자

두손모아 마음모아 지성으로 귀의하니

근본적인 화엄교설 법의바퀴 굴리심은

해인삼매 평화롭고 드넓으신 힘이어라.

보현보살 모든대중 하나하나 열거하면

금강저를 손에드신 집금강신 신중신과

만족하고 실천하는 족행신과 도량신과

성과땅을 주관하는 주성신과 주지신과

산과숲을 주관하는 주산신과 주림신과

약과곡식 주관하는 주약신과 주가신과

하천바다 주관하는 주하신과 주해신과

물과불을 주관하는 주수신과 주화신과

바람허공 주관하는 주풍신과 주공신과

밤과방향 주관하는 주방신과 주야신과

낮을맡은 주주신과 다툼의신 아수라와

용의천적 가루라왕 노래의신 긴나라와

음악의신 마후라가 흡혈귀인 야차왕과

여러모든 용왕들과 정기먹는 구반다와

가무의신 건달바왕 밤밝히는 달의천자

낮밝히는 해의천자 도리천왕 함께하고

야마천왕 도솔천왕 화락천왕 타화천왕

대범천왕 광음천왕 변정천왕 광과천왕

색계천의 대자재왕 헤아릴수 없으시네.

보현문수 법혜보살 공덕보살 금강당과

금강장과 금강혜와 광염당과 수미당과

대덕성문 사리자와 해각비구 함께하고

우바새와 우바이와 선재동자 동남동녀

그 숫자가 한량없어 말로할수 없음이라.

선재동자 남순할제 선지식이 쉰셋이라.

처음으로 찾아뵌분 문수사리 보살이요

덕운비구 해운비구 선주비구 미가장자

해탈장자 해당비구 휴사우바 비목구사

승열바라 자행동녀 선견비구 자재동자

구족우바 명지거사 법보계장 보안장자

무염족왕 대광왕자 부동우바 변행외도

우바라화 장자인과 바시라선 무상승자

사자빈신 비구니와 바수밀과 비슬지라

관자재존 정취보살 대천신과 안주지신

바산바연 주야신과 보덕정광 주야신과

희목관찰 중생야신 보구중생 묘덕야신

적정음해 주야신과 수호일체 주야신과

개부수화 주야신과 대원정진 역구호신

묘덕원만 주야신과 구바여인 마야부인

천주광녀 변우동자 중예각자 현승우바

현승견고 해탈자와 묘월장자 무승군자

최적정의 바라문과 덕생동자 유덕동녀

미륵보살 문수보살 보현보살 티끌처럼

많은대중 화엄법회 구름처럼 모여와서

비로자나 부처님을 언제든지 모시면서

연꽃으로 가꾸어진 연화장의 세계바다

대법륜을 굴리면서 조화롭게 장엄하고

시방세계 허공세계 한량없는 모든세계

또한다시 이와같이 영원토록 설법하니

여섯여섯 여섯품과 네품다시 세개품과

한품열품 한품과 한품또한 한품이라.

세주묘엄 여래현상 보현삼매 세계성취

화장세계 비로자나 여래명호 사성제품

화엄경 약찬게

115

광명각품 보살문명 정행품과 현수품과
불승수미 산정품과 수미정상 게찬품과
보살십주 범행품과 발심공덕 명법품과
불승야마 천궁품과 야마천궁 게찬품과
십행품과 무진장품 불승도솔 천궁품과
도솔천궁 게찬품과 십회향품 십지품과
십정십통 십인품과 아승지품 여래수량
보살주처 부사의법 여래십신 상해품과
여래수호 공덕품과 보현행품 여래출현
이세간품 입법계품 칠처구회 설해지니
이것바로 십만게송 화엄경의 내용이요
삼십구품 원만하니 일승원교 교설이라.
외우고서 경전말씀 믿으면서 수지하면
처음으로 발심할때 그대로가 정각이니
이와같은 화엄바다 연화세계 안좌하면
그이름이 다름아닌 비로자나 부처로다.

華嚴經 略纂偈

화 엄 경 약 찬 게

大方廣佛華嚴經	龍樹菩薩略纂偈
대 방 광 불 화 엄 경	용 수 보 살 약 찬 게
南無華藏世界海	毘盧遮那眞法身
나 무 화 장 세 계 해	비 로 자 나 진 법 신
現在說法盧舍那	釋迦牟尼諸如來
현 재 설 법 노 사 나	석 가 모 니 제 여 래
過去現在未來世	十方一切諸大聖
과 거 현 재 미 래 세	시 방 일 체 제 대 성
根本華嚴轉法輪	海印三昧勢力故
근 본 화 엄 전 법 륜	해 인 삼 매 세 력 고
普賢菩薩諸大衆	執金剛神身衆神
보 현 보 살 제 대 중	집 금 강 신 신 중 신
足行神衆道場神	主城神衆主地神
족 행 신 중 도 량 신	주 성 신 중 주 지 신
主山神衆主林神	主藥神衆主稼神
주 산 신 중 주 림 신	주 약 신 중 주 가 신

主河神衆主海神
주 하 신 중 주 해 신

主水神衆主火神
주 수 신 중 주 화 신

主風神衆主空神
주 풍 신 중 주 공 신

主方神衆主夜神
주 방 신 중 주 야 신

主晝神衆阿修羅
주 주 신 중 아 수 라

迦樓羅王緊那羅
가 루 라 왕 긴 나 라

摩睺羅伽夜叉王
마 후 라 가 야 차 왕

諸大龍王鳩槃茶
제 대 용 왕 구 반 다

乾闥婆王月天子
건 달 바 왕 월 천 자

日天子衆忉利天
일 천 자 중 도 리 천

夜摩天王兜率天
야 마 천 왕 도 솔 천

化樂天王他化天
화 락 천 왕 타 화 천

大梵天王光音天
대 범 천 왕 광 음 천

遍淨天王廣果天
변 정 천 왕 광 과 천

大自在王不可說
대 자 재 왕 불 가 설

普賢文殊大菩薩
보 현 문 수 대 보 살

法慧功德金剛幢
법 혜 공 덕 금 강 당

金剛藏及金剛慧
금 강 장 급 금 강 혜

光焰幢及須彌幢
광 염 당 급 수 미 당

大德聲聞舍利子
대 덕 성 문 사 리 자

及與比丘海覺等
급 여 비 구 해 각 등

優婆塞長優婆夷
우 바 새 장 우 바 이

善財童子童男女
선 재 동 자 동 남 녀

其數無量不可說
기 수 무 량 불 가 설

善財童子善知識　文殊舍利最第一
선 재 동 자 선 지 식　문 수 사 리 최 제 일

德雲海雲善住僧　彌伽解脫與海幢
덕 운 해 운 선 주 승　미 가 해 탈 여 해 당

休舍毘目瞿沙仙　勝熱婆羅慈行女
휴 사 비 목 구 사 선　승 열 바 라 자 행 녀

善見自在主童子　具足優婆明智士
선 견 자 재 주 동 자　구 족 우 바 명 지 사

法寶髻長與普眼　無厭足王大光王
법 보 계 장 여 보 안　무 염 족 왕 대 광 왕

不動優婆遍行外　優婆羅華長者人
부 동 우 바 변 행 외　우 바 라 화 장 자 인

婆施羅船無上勝　獅子嚬伸婆須密
바 시 라 선 무 상 승　사 자 빈 신 바 수 밀

毘瑟祇羅居士人　觀自在尊與正趣
비 슬 지 라 거 사 인　관 자 재 존 여 정 취

大天安住主地神　婆珊婆演主夜神
대 천 안 주 주 지 신　바 산 바 연 주 야 신

普德淨光主夜神　喜目觀察眾生神
보 덕 정 광 주 야 신　희 목 관 찰 중 생 신

普救眾生妙德神　寂淨音海主夜神
보 구 중 생 묘 덕 신　적 정 음 해 주 야 신

守護一切主夜神　開敷樹華主夜神
수 호 일 체 주 야 신　개 부 수 화 주 야 신

大願精進力救護　妙德圓滿瞿婆女
대 원 정 진 력 구 호　묘 덕 원 만 구 바 녀

摩耶夫人天主光　遍友童子衆藝覺
마 야 부 인 천 주 광　변 우 동 자 중 예 각

賢勝堅固解脫長　妙月長者無勝軍
현 승 견 고 해 탈 장　묘 월 장 자 무 승 군

最寂靜婆羅門者　德生童子有德女
최 적 정 바 라 문 자　덕 생 동 자 유 덕 녀

彌勒菩薩文殊等　普賢菩薩微塵衆
미 륵 보 살 문 수 등　보 현 보 살 미 진 중

於此法會雲集來　常隨毘盧遮那佛
어 차 법 회 운 집 래　상 수 비 로 자 나 불

於蓮華藏世界海　造化莊嚴大法輪
어 연 화 장 세 계 해　조 화 장 엄 대 법 륜

十方虛空諸世界　亦復如是常說法
시 방 허 공 제 세 계　역 부 여 시 상 설 법

六六六四及與三　一十一一亦復一
육 육 육 사 급 여 삼　일 십 일 일 역 부 일

世主妙嚴如來相　普賢三昧世界成
세 주 묘 엄 여 래 상　보 현 삼 매 세 계 성

華藏世界盧舍那　如來名號四聖諦
화 장 세 계 노 사 나　여 래 명 호 사 성 제

光明覺品問明品　淨行賢首須彌頂
광 명 각 품 문 명 품　정 행 현 수 수 미 정

須彌頂上偈讚品	菩薩十住梵行品
수 미 정 상 게 찬 품	보 살 십 주 범 행 품
發心功德明法品	佛昇夜摩天宮品
발 심 공 덕 명 법 품	불 승 야 마 천 궁 품
夜摩天宮偈讚品	十行品與無盡藏
야 마 천 궁 게 찬 품	십 행 품 여 무 진 장
佛昇兜率天宮品	兜率天宮偈讚品
불 승 도 솔 천 궁 품	도 솔 천 궁 게 찬 품
十回向及十地品	十定十通十忍品
십 회 향 급 십 지 품	십 정 십 통 십 인 품
阿僧祇品與壽量	菩薩住處佛不思
아 승 지 품 여 수 량	보 살 주 처 불 부 사
如來十身相海品	如來隨好功德品
여 래 십 신 상 해 품	여 래 수 호 공 덕 품
普賢行及如來出	離世間品入法界
보 현 행 급 여 래 출	이 세 간 품 입 법 계
是爲十萬偈頌經	三十九品圓滿教
시 위 십 만 게 송 경	삼 십 구 품 원 만 교
諷誦此經信受持	初發心時便正覺
풍 송 차 경 신 수 지	초 발 심 시 변 정 각
安坐如是國土海	是名毘盧遮那佛
안 좌 여 시 국 토 해	시 명 비 로 자 나 불

화엄경 약찬게

크고넓고 방정하온 부처님의 화엄경을
용수보살 게송으로 간략하게 엮으셨네.
아름다운 연꽃으로 가꾸어진 화장세계
비로자나 부처님의 진실하온 법신불과
현재에도 설법하는 노사나불 보신불과
사바세계 교주이신 석가모니 화신불과
과거현재 미래세상 모든여래 모든성자
두손모아 마음모아 지성으로 귀의하니
근본적인 화엄교설 법의바퀴 굴리심은
해인삼매 평화롭고 드넓으신 힘이어라.
보현보살 모든대중 하나하나 열거하면
금강저를 손에드신 집금강신 신중신과

만족하고 실천하는 족행신과 도량신과
성과땅을 주관하는 주성신과 주지신과
산과숲을 주관하는 주산신과 주림신과
약과곡식 주관하는 주약신과 주가신과
하천바다 주관하는 주하신과 주해신과
물과불을 주관하는 주수신과 주화신과
바람허공 주관하는 주풍신과 주공신과
밤과방향 주관하는 주방신과 주야신과
낮을맡은 주주신과 다툼의신 아수라와
용의천적 가루라왕 노래의신 긴나라와
음악의신 마후라가 흡혈귀인 야차왕과
여러모든 용왕들과 정기먹는 구반다와
가무의신 건달바왕 밤밝히는 달의천자
낮밝히는 해의천자 도리천왕 함께하고
야마천왕 도솔천왕 화락천왕 타화천왕
대범천왕 광음천왕 변정천왕 광과천왕
색계천의 대자재왕 헤아릴수 없으시네.

보현문수 법혜보살 공덕보살 금강당과

금강장과 금강혜와 광염당과 수미당과

대덕성문 사리자와 해각비구 함께하고

우바새와 우바이와 선재동자 동남동녀

그 숫자가 한량없어 말로할수 없음이라.

선재동자 남순할제 선지식이 쉰셋이라.

처음으로 찾아뵌분 문수사리 보살이요

덕운비구 해운비구 선주비구 미가장자

해탈장자 해당비구 휴사우바 비목구사

승열바라 자행동녀 선견비구 자재동자

구족우바 명지거사 법보계장 보안장자

무염족왕 대광왕자 부동우바 변행외도

우바라화 장자인과 바시라선 무상승자

사자빈신 비구니와 바수밀과 비슬지라

관자재존 정취보살 대천신과 안주지신

바산바연 주야신과 보덕정광 주야신과

희목관찰 중생야신 보구중생 묘덕야신

적정음해 주야신과 수호일체 주야신과

개부수화 주야신과 대원정진 역구호신

묘덕원만 주야신과 구바여인 마야부인

천주광녀 변우동자 중예각자 현승우바

현승견고 해탈자와 묘월장자 무승군자

최적정의 바라문과 덕생동자 유덕동녀

미륵보살 문수보살 보현보살 티끌처럼

많은대중 화엄법회 구름처럼 모여와서

비로자나 부처님을 언제든지 모시면서

연꽃으로 가꾸어진 연화장의 세계바다

대법륜을 굴리면서 조화롭게 장엄하고

시방세계 허공세계 한량없는 모든세계

또한다시 이와같이 영원토록 설법하니

여섯여섯 여섯품과 네품다시 세개품과

한품열품 한품과 한품또한 한품이라.

세주묘엄 여래현상 보현삼매 세계성취

화장세계 비로자나 여래명호 사성제품

광명각품 보살문명 정행품과 현수품과

불승수미 산정품과 수미정상 게찬품과

보살십주 범행품과 발심공덕 명법품과

불승야마 천궁품과 야마천궁 게찬품과

십행품과 무진장품 불승도솔 천궁품과

도솔천궁 게찬품과 십회향품 십지품과

십정십통 십인품과 아승지품 여래수량

보살주처 부사의법 여래십신 상해품과

여래수호 공덕품과 보현행품 여래출현

이세간품 입법계품 칠처구회 설해지니

이것바로 십만게송 화엄경의 내용이요

삼십구품 원만하니 일승원교 교설이라.

외우고서 경전말씀 믿으면서 수지하면

처음으로 발심할때 그대로가 정각이니

이와같은 화엄바다 연화세계 안좌하면

그이름이 다름아닌 비로자나 부처로다.

사 경 본
화엄경 약찬게

2023(불기2567)년 6월 21일 초판 1쇄 인쇄
2023(불기2567)년 6월 28일 초판 1쇄 발행

편 집 · 편 집 실
발행인 · 김 동 금
만든곳 · 우리출판사

서울특별시 서대문구 경기대로9길 62
☎ (02)313-5047, 313-5056
Fax. (02)393-9696
wooribooks@hanmail.net
www.wooribooks.com
등록 : 제9-139호

ISBN 978-89-7561-357-9 13220

정가 6,000원